自己肯定感を育てる
道徳の授業

加藤好一［編］

地歴社

◉目 次

序　章　自己肯定感を育てる道徳教育を

第1章　自己肯定感を育てる

❶ 家の人から「名人証」の言葉をもらう *16*
　　—— 家の仕事を調べて、お弟子さんになろう（小1）——

❷ その子にとって励みとなる言葉を贈る *21*
　　—— ある日の茶田学級の出来事から（小3）——

❸ 小さな輝きを赤ペンで大きく育てる *37*
　　—— 問題をかかえた子との交流（小4）——

❹ 授業の評価カードで対話する *41*
　　—— 学習についていけない生徒との交流（中3）——

❺「自分のいいところ」を見つける *46*
　　—— 初心を大切にして、思いを学年で共有する（中学）——

第2章　地域と学級の出来事を教材に

❶ 車いすマークを探す *50*
　　—— 体の不自由な人と交流しよう（小2）——

❷ ツバメの巣とビニール傘 *55*
　　—— 思いやりをひろげよう（小4）——

❸ 不法投棄された粗大ゴミ *64*
　　—— 郷土愛と社会への奉仕（小5）——

❹ 葬式ごっこ *68*
　── いじめの実相に向き合う（小5）──

❺ ゴジラと魚肉ソーセージ *79*
　── 平和・社会連帯（小6）──

❻ 地域の先輩たちの選択 *86*
　── 郷土愛を深める（中3）──

❼ 無人スタンドから消えたきゅうり *91*
　── 公共心・公徳心（中3）──

〈付〉発言を活性化させるために *96*
　──「この先生は面白い!!」──

第3章　心に響く絵本と映像を教材に

❶『わたしの物語』*100*
　── 絵本と絵本づくりで、いのちの尊厳にふれる（小2）──

❷『ひなどりのえさをさがして』*115*
　── 映像で感動を広げる（小2）──

❸『いのちをいただく』*118*
　── いのちのつながりを学びあう（小4）──

❹『たったひとつのたからもの』*124*
　── 家族愛（中2）──

❺『典子は、今』*130*
　── 道徳教育から普通教育としての道徳教育へ ──

◆ 私の道徳教育授業構想 *153*

〈付〉高校の授業で使える絵本 *155*

第4章　心に残る手紙・歌・朗読を教材に

❶ 日本一短い手紙に込められた思い *162*
　　── 道徳授業を国語授業につなぐ（小３）──

❷ 心の扉をひらく歌 *165*
　　── 自律性と共同性を育てる（小４）──

❸ ♪ねがい *174*
　　── 平和・表現活動（中学）──

❹ 朗読「東山魁夷──ひとすじの道」*178*
　　── 日本の美を求めて（中学）──

❺ 朗読「腕分け物語」を中心に *184*
　　── 道徳的実践力を育てる歴史の授業（中学）──

第5章　自分の感覚を教材に

❶ 箱メガネ *192*
　　── 交通ルール・公徳心（小４）──

❷ 盲点 *195*
　　── 見ていても見えない仕組みがあることに気づく（高校）──

第6章　互いの授業を学びあう

❶ 学年で取り組む道徳 *202*
　　── 道徳担当３年間を振り返る ──

❷ サークルで授業交流 *211*

あとがき *217*
　　── 道徳教育と社会科の関係を考える ──

序　章
自己肯定感を育てる道徳教育を

◆はじめに──1枚の反省文を読み解く

　道徳教育の目的は、端的に言って道徳的判断力・実践力の育成にある。善悪の判断などはその代表であろう。ここで想起されるのは、いじめ自殺を生み大きな社会問題として取り上げられた2011年の関西の某中学校の事件である。この中学はその前年まで文科省指定「道徳教育実践研究事業」推進指定校であった。いじめが悪いことは誰もが教えられていたはずだ。だが、事件は起きた。

　「悪い事はするな」と言われても、なぜ悪い事をしてしまうのか。しかも、人の命に関わることで…　道徳的実践力を育てるためには、避けて通れない問題である。私の痛苦の体験をもとに、一枚の反省文から考えてみよう。

分かってはいたけれど…

　万引きをしたのは中学になってからです。はじめてやったものは、リップ、おかしなどで、その時仲良しだった友達と2人でしました。その時はすごくどきどきしたけど、はなれた所でぬすんだものを見た時は、ただで手に入るんだと簡たんに思えました。

　ただでほしい物が手に入るのに、かうなんてもったいなく思ってきて、ちょうしにのってたら、今みたいになってしまいました。いつも友達とも、「いつかぜったいバレるよね」とか話してはいたけどやめられなくて、人の物ってわかっていても、お金がないからとか、今すごくほしいからとか思って、ついやっていました。だけど、家で一人の時とか、ぬすんだものを見ながらいろいろ考えたりしました。

　ぜったいいつかバレると思いながら、心のどこかでは、逃げきれるとか思って、どんどん自分がキタナクなっていくのがすごくわかりました。こんな自分、自分でも大きらいだったし、自分なんてどんな人間になってもかんけいないとか、何かイライラしたからとか、しげきがほしかったからとか、人のせいにしたりもしました。

　でも一度、私のいとこがうまれて、おしゃぶりをぬすもうとした日がありました。やろうと思えば誰もいないし、できたと思うけど、私はそれを買いました。その赤ちゃんは、おばさんのおなかにいる時から、私に、少しずつ、人を思う気持ちをくれた大切な宝物だから。

　その赤ちゃんのためなら、ぬすむ事なんてできなくて全部買ってい

ました。だけどお店に入っても、レジでお金を出しても、店員さんはいつもじろじろ見てきて、ネームプレート見てきたりしてすごく気分が悪かった。

　ぜったい信じてもらえないし、信じてほしくもなかったし、やめようと思った時も、いっしゅんで終わってしまいました。

　でもそれは、店員さんのせいじゃなくて、自分の「やめる」って気持ちが弱いから。まだまだ自分はキタナイから。今はそう思います。

　やったものなんて、すごいほしかったわけでもない。ばれることなんてかんがえていなかったから。

　ふくやの店の人が来た時はびっくりして、ちょっと夢かと思った。うそでしょ？！とか。れいせいにはなれなくて、友達がお店の人ふりはらったあと、いそいで逃げてしまった。ばれないことを願って逃げつづけた。店の人が「〇〇中の〇〇さんと〇〇さんと…」とか言ってたから、駅裏の線路の方へかくれながらネープレとってとなりの駅まで歩いた。

　だけどやっぱり相手は大人で、こっちは子どもだし、先生から電話があったって聞いて、もうかなわないから正直に言おうと思って、先生や学校に電話しました。

　母にも全部言って、先生も家に来て話し合った。っていうか怒られた。

　親にだけは知られたくなかったけど、やっぱり私の親なんだし、私は親の子どもなんだし、あたりまえの事って先生にも言われました。

　「あんたたち自分のしたことわかってるの」とか「なにしてるのよ」とか、たくさん言われてるときはだまってしまったけど、おやのきもちを聞いたときはみんなで泣いて「ごめんなさい」もうまく言えなかった。

　親を悲しませたことを、すごくこうかいしたし、あやまってもあやまりきれないと思いました。親を泣かせて、先生も泣かせて、本当に自分にむかつきました。親の顔があまり見れなくて、顔を見ると涙がいっぱい出てきました。私はその日、初めて親が泣いた姿を見ました。

　昔、おじいちゃんのおそうしきでも、私の前ではふつうにしてた母が、私の前で泣いて、私も親の前ではぜんぜん泣いたことなかったけど二人で泣きました。

　その次の日、親たちと６人であやまりに行きました。

〈中学３年　Ａ子〉

これを書いたのは、私の学年の生徒である。
　一読して明らかなように、彼女は「万引きは悪い事だ」と知っていた。だから、小学校時代は一切やったことがなかったし、いとこの赤ちゃんにあげるおしゃぶりは、やればできたにもかかわらず万引きしていない。
　彼女には道徳的判断力がないのではない。その判断力が働く場合もあるし、働かない場合もあるのだ。
　では、中学3年になって、彼女の道徳的判断力が働かなくなったのはどうしてか。「いつかバレる」と思いながらもなぜ万引きが常習化していったのか。第一の原因は自己肯定感の喪失にあった。（以下「　」内は本人の反省文より）
　中1では運動部に入ったが、練習についていけない。人間関係で摩擦を起こし顧問にも反発してすぐに退部。クラスでも信頼しあえる友達ができない。
　成績は下位で学習態度は消極的。受験と卒業は刻々近づいてくるが、かろうじて行けそうな高校はいわゆる「底辺校」である。未来への希望が持てない彼女は、「何かイライラした」まま最後の1年をあてもなく過ごしていた。
　あえて強がり、トラブルはみな相手のせい・学校のせいにする自分。でも、そうしているうちに居場所と未来が狭まっていく自分。その現状を打開する力も、意欲もない自分。あふれる悩みを分かち合い、高めあう友人もいない自分。
　それが「キタナイ自分」であり、「大きらいな自分」である。だから「どんな人間になってもかんけいない」と、未来さえ否定する。
　その代わりに、「いつかぜったいバレる」であろう危うい「しげき」を"その時仲よし"の数人と共有し、その場の「おもしろさ」に丸ごと取りこまれていく。
　こうなると、もう道徳的判断力は働かない。「友達」に誘われれば、「すごくどきどき」しながらも一線をふみこえる。判断力を麻痺させ、万引きを常習化させた第二の原因は、互いにもたれあって崩れていくグループ化にあった。
　「心のどこかでは、逃げきれるとか思って、どんどん自分がキタナクなっていく」⇒「自分はキタナイ」⇒「こんな自分、自分でも大きらい」
　未来にふみだす中3という時期に、分かってはいても悪い方向へ引きずられていく情けない自分。その自分を全否定しつつ、彼女はせつな的楽しさに流され、万引きを続けていった。

●道徳教育の出発点はどこにあるか

　そうであればこそ、私たちはその中に一つの希望を見いだしたい。そういう

「キタナイ」自己を否定するのは、万引きを「やめるって気持ち」が逆に彼女の中にあるからではないか。

つまり、規範意識を持ち道徳性を失っていないからこそ、やめようと思ってもやめられない自分を「キタナイ」と全否定して思い悩む。口癖のように繰り返される「キタナイ」ということばは、出口を見つけられない悲痛な叫びではあるが、必死に出口を求める心のつぶやきでもあるととらえたい。

その矛盾と葛藤をどう受け止め、どこからどう生徒の内面を揺さぶればよいか。彼女への道徳教育は、そこから出発させたい。

実は彼女は、万引きをやめたことが一度だけある。先ほども述べたが、それはこんな「キタナイ」自分にも無償の愛を降り注ぎ、「少しずつ、人を思う気持ちをくれた」いとこの赤ちゃんの笑顔である。

「大切な宝物」であるその赤ちゃんへのプレゼントは、全部お金を出して買ったと言う。ダメな自分・「キタナイ」自分にも分け隔てなく愛を注いでくれる存在を知った時、彼女の道徳的判断力は、他者に流されることなく働いた。大切な人に愛されているという実感がそうさせたのである。

では、犯した過ちを反省させ、自分を取り戻させてくれたものは何か。それは第一に母親の愛である。親の葬儀でも泣かなかった母が自分の行為に涙した時、彼女も泣いて心から詫びた。「キタナイ」と思っていた自分は、親にとってはかけがえのない子どもだったことを実感したからだ。

担任の女性教師も、泣きながら諭すと同時に辛い思いは受け止める。彼女が素直に自己の過ちを見つめ、気持ちの揺れをありのままに綴ることができたのは、母の愛情と教師の寄りそった支援によるところが大きい。

間違った行為は叱り、間違えた生徒を受け入れる愛情。そのメッセージを送り続けることが自己を全否定する心を溶かし、道徳性をよみがえらせていく。

すると、「自分のしたことわかってるの」「なにしてるのよ」と「たくさん言われ」ても、教師への反発は生まれない。その上で、「キタナイ」はずの自分を客観視するもう一つの目を持たせたい。それが綴るという営為だ。

担任教師は、生徒に付き添い対話しながら反省文を書かせ、ここまでに至った過程をとことんふりかえらせた。書く中で、自分の全存在が「キタナイ」のではなく、長所も短所もある自分がなぜその行為に至ったか、その中でもどんな時に的確な判断がなされたのかを明らかにさせる。

その内省は自己肯定への第一歩であり、道徳教育の個別化でもあった。理解と受容・交流⇒人との信頼や愛情の実感⇒自己肯定感の回復⇒多面的な省察と

いう道筋は、道徳教育実体化の過程であり道徳的判断力育成の土台でもあった。

生徒と気持ちを通わせる中で、さまざまな弱点は持ちながらも、「大切な宝物」を裏切ることはしなかった自分を思い起こさせ、自分も周囲から愛される大事な存在であったと実感させる。全否定の代わりに自己を多面的にふりかえる目を育てる。そこから、自他を大切にする道徳性や道徳的判断力が育ってくる。厳しい指摘は、その中でこそ受け入れられる。

逆に言えば、「なぜいけないか」「やればどうなるか」を頭で分かってはいても、自分が大切にしていたことを忘れ、自分を捨てている生徒は「もう、どうなってもいい」と捨て鉢になり、守るべき道徳律・培いたい道徳性とは反対の心情を持つに至る。それは、自己否定⇒自己放棄⇒問題行動というルートでもある。

◉生徒の道徳性の内面構造に即して道徳教育を構想する

「万引きをしない」という道徳実践力は、上からのお説教だけでは育たない。かけがえのない自分の自己肯定・周囲からの愛情の実感があってはじめて育つのであった。

そこで、生徒の道徳性は右図のように三層の構造をなすものととらえることができる。道徳

道徳性の三層構造

教育の構想はこうした生徒の内面構造に即して立てられなければならない。つまり、③が根底になければ、②から①への道徳教育も成り立ちがたい。生徒が「自分の宝物を忘れ」「自分はだめな人間だ」「どうなってもよい」「仲間も教師も信用できない」と思っていたのでは、道徳教育は機能しない。本音で考え高めあおうとしても心を開かず、きれいごとの「たてまえ」のみがまかり通ることになる。そうした道徳教育から脱皮しようではないか。

◉どう授業として組み立てるか

ここで紹介したA子さんが通った道は他の生徒も通りかねない。ならば、この痛苦の体験を本人だけにとどめず後輩たちの学びの糧としたい。そこで私は、個人情報保護に留意しつつ、この反省文を生かす次のプランを実践した。

1　本時のねらい
　悪いと思うことをなぜくりかえすか。どうすれば止められるか。A子さんの体験に即して自分ごととして、どこに引き返すチャンスがあったのかを深めあう。

2　本時の展開

教師の働きかけと予想される生徒の表れ
「窃盗」——板書して読ませ意味を問う。 ※「万引き」と「窃盗」は違うか同じかとさらに尋ね、前者は後者に含まれることを確認する。 　実際はどんな思いで万引きするかと投げかけ、やってしまった人の作文を配布したい。 A子さんは万引きを悪いと思っているか 　・やるのだから思っていない　・思っているけどついやってしまう 　・軽い悪さで犯罪と思わない　・悪いと思うが1回やると止められない 　・赤ちゃんのものを万引きしないのは悪いと思っている証拠 悪い、いつかバレると思ってもなぜ万引きをくりかえすのか 　・グループだと流されてしまう。　・止めてくれる友達がいない 　・イライラしていて、何かで発散させたい 　・自分なんかどうなってもいいと思っている ※自分はそういう気持ちになったことはないかと問い返す。 　・ある　・気持ちは分かる　・自分もイライラして爆発寸前になる 　・自分が嫌になることもあるけど、先を考えればここまではしない では、どこに引きかえすチャンスがあったのか。資料から探ろう （班で相談） 　・いつか絶対バレると話したとき　・家で一人で考えた時 　・赤ちゃんのものを買った時 ※班から発表の後、チャンスは数々あるが自分ならそこで引き返せるかを挙手で問う。 A子さんは「キタナイ」人なのか。考えを書いて発表しよう　（記述）

3　中学1年生が学んだことは？

　A子さんが「悪いと思う」万引きをなぜくりかえしたか。中学1年生は次のようにとらえた。

　「なんだ。タダでかんたんに手に入るじゃん。お金なんて…と思ってしまったから。それでやめられなくて何度も繰り返した」

　「後でちゃんと反省をしたりしているけれど、最初に『かんたんだ』とおもったことがいけなかった」

　「ばれないと思って、ふみとどまることができなくなっちゃったと思う」

　「仲のよい友達と軽いノリでやってしまったと思う。何度もやっているうちに罪悪感がなくなってしまって、何度も万引きをしてしまった」

　「何かいやなことが起こって、心がイライラしていたんだと思う。後でこう思えるんだから、その時ふつうの気分ならやらないはずだ」

　「しげきがほしかったと思う」

　①お金出さなくてもかんたんに手に入る　②バレない、くりかえしても大丈夫　③友達もいっしょだから　④イライラしている。しげきがほしい。

　意見は、この4つにまとめられた。彼らはA子さんの気持ちを読み取りながら、そこに自分たちの気持ちをも投影しているのではないだろうか。

　A子さんは万引きを重ねるうちに、「いつかばれる」「自分はこのままでいいのか」と不安に駆られもする。だが、次には「こんなキタナイ自分なんてどうなってもいい」と今の自分を否定してなげやりになり、「悪いと思っていること」をくりかえして破局にいたる。

　1年生たちは、共感や疑問を出しあいながら、その過程をバーチャルリアリティ（仮想現実）として追体験していくのだ。万引きを「廊下を走る」「スピード超過」と同じ"違反行為"くらいにしか考えていなかった生徒も、それが犯罪行為であり、中学生がなぜそこに引きこまれていくかを自分ごととして考えるようになる。そしてA子さんが自分の「大切な宝物」を裏切ることはしなかったこと、親の悲しみを知ったことなどを教室で確かめあってほっとした。

　ある生徒が痛苦の体験を通してつかんだ教訓は、こうすることで貴重な「追体験教材」となり、間違った行動の生まれる源に気づかせ、自律的な判断能力の系統を育てる端緒となる。

　本時で育てたい道徳的判断力・実践力はその中で養われ、いざ自分が似たような状況に追い込まれた時に生きて働くようになる。

第1章
自己肯定感を育てる

❶ 家の人から「名人証」の言葉をもらう
―― 家の仕事を調べて、お弟子さんになろう（小１） ――

◉はじめに
　これは前任校の一年生６人、二年生３人という生活科複式授業で行った実践です。中山間地の学校で、母親がどの家も昼間家庭にいるという条件がある学級でした。家庭の協力が期待できました。
　光村図書・生活科上巻の『にこにこだいさくせん』という単元の活動例にはお手伝い、あいさつ、肩たたき、ありがとうのお手紙などいろいろな作戦が紹介されています。自ら家族と関わりをもつ行動を促すことに重点が置かれているようです。
　しかしわたしは、情緒的な「にこにこ」ではなく、体験を通して気づきの質を高め、進んで仕事をする子どもに成長することで、周りの大人の「にこにこ」を引き出せるような学習にしたいと考えました。
　７歳でも今できる精一杯の仕事をする姿が家族から喜ばれ、「にこにこ顔」をうむでしょう。
　①家事は文化的生活に欠かせない労働であり、それは親から子へ生活文化として引き継がれる。
　②「じぶんにもできた」という達成感が子どもの自信を生み、自立につながる。
　このような押さえのもと、展開を考えていきました。

◉単元展開と子どもの表れ
　観察⇒記録⇒体験⇒記録⇒授業での報告・交流を学習の基本的な流れにしました。
　第一時　冬休みに家の仕事を調べたり、家の人に弟子入りして自分にできる仕事をつくろう
　　①だれが何をどのようにやっているのか観察する。

②どれか仕事をやらせてもらい日記に書く。
　③家の人からコメントをもらう。
|第二時|　冬休みにやった仕事を発表しよう
　「せんたく物の取り込みやせんたく物たたみをやったよ」（すすむ）
　「お米とぎが一人でできるようになったよ」（あいこ）
　「大そうじで窓をふいたよ」（なみ）
　「弟の世話をまかされて、おふろに入れて着せるところまで毎日やったよ」（かいせい）
　「お料理をお盆にのせてテーブルまで運んだよ」（わかこ）
　「お料理をつくってみたよ」（らいた）
　「赤ちゃんの世話をしたよ」（あかり）

　取り急ぎ、冬休みに間に合わせてお手伝いの宿題を出しました。祖父母と暮らしている子が多いので、いろいろな仕事が見られるし、やらせてもらえると思いました。
　　熱心に仕事をしてきた子ばかりで、その背景にはていねいに教える親の姿が見えるようでした。
　「お米研ぎをすっかり任せられるようになりました。」「生まれたばかりの子がいるので弟の世話をしっかりやってくれて大助かりでした。」「いつもやってくれているので上手でした。」など、親のコメントから子どもたちのがんばりが伝わってきました。

|第三時|　たくさんの家の仕事は、だれがやっていましたか？
・ほとんどはお母さん。お父さんもやっている。
・おじいさんやおばあさんも仕事をしているよ。
　　『お母さんを楽にさせてあげたいね』

|第四時|　「お仕事名人」をめざして、どの仕事に挑戦するか決めよう。
・せんたく物たたみ
・トイレや風呂のそうじ

　宿題　①おしごと観察とお試ししごと
　　　　②工夫していること、気をつけていることを見つける。
　　　　③絵日記に見つけたこと、やったことを書く。

|第五時|　いえの人がどうやって仕事をしていたか発表しよう。（そうじグループ）
　「おふろのじゃ口は、つまみをはずしてこすりました」（すすむ）
　「便器の中は洗剤をつけ、ブラシで力を入れてごしごしこすり、ボタンのと

ころはやさしくふいていました」(ひろ)
　「茶わんは奥までスポンジを回して洗いました」(わかこ)
(友だちの家で工夫してやっていること)
　「ひろさんは、さいしょは小さくごしごしして水をとばさないとか、ブラシでやるとか、くふうしていました」(なみ)
　「ひろさんの家では、ピッピッとおすボタンまでそうじするんだな」(すすむ)
(せんたく物たたみグループ)
　「角をもってバタバタします」(らいた)
　「手でアイロンをかけるように、しわをのばしながらたたんでいました」(かいせい)
　「置き場所や着る人、使う日によって分けて積んでいます」(らいた)
　「大きいものからたたんだり、かけておくものを分けたりします」(なみ)
(友だちの家で工夫してやっていること)
　「だいきくんとらいたくんの家では、分けて積んでいて、すごいなとおもいました」(なみ)
　「だいきくんは、おとうとやいもうとの服を分けているんだな」(すすむ)
　宿題は仕事を観察することでしたが、冬休みからよくお手伝いをしているので、仕事をやらせてもらっている子が多く、具体的に発表できました。

<u>第六時</u>　全員で洗濯物たたみを練習して、クラスの人たちに自分の家のたたみ方の工夫をやって見せよう。
宿題　二日間仕事し、たたみ方のこつをメモしてくる。
　「くつ下は二つ合わせて、クルリンパする」(だいき)
　「服はぬい目のところで折るとか、そでを内側に折るとか、いろんな折り方がある」(かいせい)
　「タオルやハンカチは角と角を合わせる」(あいこ)
　「小さくたたむと、タンスに入れたとき、見つけやすい」(なみ)
　「しわをのばすと、気持ちよく着れるようになる」(ひろ)
　「折って平らにしないと、積んだときにたおれてしまう」(かいせい)
(たたみかたの工夫)
　「なみちゃんのくつ下の、さいしょ重ねるところがわたしとにています。重ねているわけ

は、さがしやすいからです。あいこちゃんは、上の服で最初に背中が上のとこ、わたしとにていました。わけは、最後に背中が上になると絵も見えないからです」（ひろ）

「ぼくも、くつ下がはなればなれにならないようにするため、くるっと折りました。角と角をそろえて、くるっとしました」（かいせい）

「くつ下をくるんとするところが、だいきくんとにています。早く見つかっていいからです」（らいた）

「ひろさんのうちでは、タオルを一、二と、折っていました。くつ下は、なみさんちではくるんと二回まわしていました。あわせているところがいっしょでした。タンスに入りやすいからです。あいこさんのタオルの折り方が、とてもきれいでした。パッパッとやればきれいだと思いました」（わかこ）

第七時　家で仕事を続けて洗濯物たたみの名人になろう。

宿題　家で1週間洗濯物たたみの仕事を続ける。
　　①うまくできるようになったこと、苦心したことを書く。
　　②家の人に、名人になれたか書いてもらう。

（家の人からのことば）

「いろんな洗濯物を、たくさんたたんでくれました。小さな手でしわを伸ばしたり、工夫してくれて、洗濯物もきれいになり、とても助かりました」（あいこ母）

「子どもの服と大人の服は、たたみ方が違ったりして、少し難しかったみたいですが、しっかりと覚えて使い分けられるようになりました。大きな服は手こずりながらも、ていねいにたたむことができたと思います。自分の服や持ち物をばっちりしたくできるようになりました」（すすむ母）

「洗濯物たたみのお手伝いを楽しんでやっていました。最初はうまくできなくて、悔しくてポロポロと涙していたひろが、最後にはとてもきれいにたためて、得意げにしていました。とてもよくがんばりました」（ひろ母）

◆おわりに

　どの子も一生懸命に仕事を続けてお母さんから「名人級」「名人に近い」の評価をもらいました。

　一人一人に渡した「お仕事名人証書」にお母さんの言葉を挿入しました。お母さんからの褒め言葉が何よりも宝物だと思います。

　6人の一年生は早生まれが多く幼さが感じられる子どもたちでした。でも、

家の中では兄姉として頼りにされる存在の子が多かったので、「自立」はお母さんの願いでもあったことでしょう。子どもたちは仕事に挑戦し、それを授業で交流することで、「なぜそうするのか」を見つけていき、仕事のやり方の意味もつかんでいきました。
　一年生の三月に一年間の思い出作文の発表をした際、このおしごと名人の取り組みを書いた子が何人かいました。
　子どもたちは「できるようになった」満足感を感じ取ることができました。どの子もよき生活者に育ってくれることを願って授業を終わりました。

（増田敦子　静岡県静岡市立西豊田小学校）

おしごと名人証書

1年　…　あいこ

　あなたは生活科（せいかつか）「おしごと名人になろう」の 学習（がくしゅう）において、いえのしごとにしんけんにとりくみました。そのけっか、いえの人からつぎのようなことばをもらいました。

> 「いろんなせんたくものを、たくさんたたんでくれました。小さな手でしわをのばしたり、くふうしてくれて、せんたくものも きれいになり、とてもたすかりました。」

　すばらしいことばをいえの人からもらったあなたを「おしごと名人」とみとめます。
　これからもすすんでいえのしごとをし、かぞくの一員（いちいん）として力をはっきしてください。

2012年3月16日　　北沼上小学校1・2年生活科担当

ますだ　あつこ

❷ その子にとって励みとなる言葉を贈る
── ある日の茶田学級の出来事から（小３） ──

　４月早々に、家は出たのだけれどまだ学校に着かないという事件が、同じ３人の子によって２度起こりました。

　１回目は教務と専科の先生の協力をあおぎ、家庭連絡を取りつつ探しに行きました。結局、昼ごろ母親に連れられて登校してきました。けがをしたねこをどうするか、自宅の向かいの倉庫で相談していたというのです。

　２回目は放課後。校長の指示のもとで大勢の職員が手分けをして探しました。こわしている駄菓子屋の建物にもぐりこんで、おもちゃのお金を拾い集めていたらしいのです。

　また、彼らは崖の上の駐車場の車に入りこみ、中を荒らしていたという電話連絡が入りました。誤ってサイドブレーキをはずせば、車もろとも崖の下の民家に落ちかねなかったのでよく注意してほしいとのことでした。

　「３人にふりまわされる」──そう表現したくなるようなあせりや申し訳なさを感じつつ、校長に親子を指導してもらい、車の持ち主を親子・担任ともども訪ねてお詫びしました。養護の先生は、こう心配してくれました。

　『家庭でさびしい思いをしているのでは？　愛されることが少なかったのでは？　担任の私はあなたのことが好きと言い続けてあげることが、あの子たちの心を開くことになります』

　今、その子に寄りそう難しさと大切さをあらためてかみしめています。

（茶田敏明　静岡県熱海市立多賀小学校）

◉愛の少ない子どもたち

　この子たちはさみしいのである。では、さみしさから問題行動に走る子どもの中にどう道徳性を育てるか。お説教が先行するのではない。まずはどの子にも寄りそい、その子ならではの良さを見い出して本人や保護者と共有する。「僕は先生から愛されている」と実感させて、自己肯定感を育てる。

　自分を大切だと思う子どもが自分を粗末にするはずがない。ならば、道徳性

育成の基盤をそこに置きたい。

　茶田さんは、「所見を書く」という営為をその大切な機会ととらえた。子どもの肯定面をどうとらえ、そこからどうその否定面に迫ろうとするか。「こうした点に目を向ければよいのか」「こんな視点からとらえればよいのか」「とらえたことをこのように書けばよいのか」と、多くのことを学んでほしい。

◉自己肯定感を育てる所見の書き方とは？──きらりと光る事実に目をとめて

> ①何げない子どもの輝きを、その場でメモする習慣をつけておく。
> ②事実に語らせることを基本とし、決まり文句を使わない。

　教師は日々の子どもの表れをどうとらえ、どう記録し、どう評価してどのように保護者に伝えるのか。まずは、茶田敏明さん（経験30年）による小２・３学期の所見一つを紹介したい。

> 〈A〉登校するとすぐに外に出て運動を始めるたくましいお子さんです。生活科「焼き芋パーティ」では、燃えている落ち葉の山からはみ出したいもを中に押し込む作業を熱心に行いました。
> 　持久走大会では、ベストタイムを４秒も短縮して学年２位という好成績を収めました。３学期はもう少し活発に発言できるよう励ましていきます。

　「よく書けているなあ〜」とは誰もが思う。では、何がどうよいのか。さっと読んだだけでは分からない。

　そこで①生活・行動面には実線（──）・②学習面には波線（〜〜）・③行事面には破線（…）を引き、④今後の支援については太字にしてみる。所見は次のように区分された。

> 　登校するとすぐに外に出て運動を始めるたくましいお子さんです。（①生活・行動面の評価）
> 　生活科「焼き芋パーティ」では、燃えている落ち葉の山からはみ出したいもを中に押し込む作業を熱心に行いました。（②学習面の評価）
> 　持久走大会では、ベストタイムを４秒も短縮して学年２位という好成績を収

めました。(③行事面の評価)
 3学期はもう少し活発に発言できるよう励ましていきます。(④今後の支援)

　150字弱の短文に、①生活・行動 ②学習 ③行事 ④今後の支援に関わる記述がバランスよく収められていることが分かってきた。
　「ベストタイムを4秒も短縮」という記述を読み流してほしくない。他者と比べるのではない。本人の過去のタイムを参照したからこそ書ける個人内評価である。これならたとえ0.5秒の進歩でも評価できる。本人の過去の記録を参照したからこそ書ける記述だ。
　わずかな前進をも逃さずにとらえる鋭い「目」。こうした尺度を用いれば、すべての子どものどこかに成長の兆しを認めることができる。小さな「輝き」にも光をあて、こうして大きく励ますことで自己肯定の第一歩となる。
　続く「学年2位」とは相対評価での好成績だ。他者に優れた個性も併せて記述。これが「複眼」で子どもを評価するということだ。「がんばった」「よく努力して」などの抽象的表現は使わない。
　だが、①〜③の評価はすべて活動・運動に関わることだ。そこで教師は、この子の次の課題が発言・表現力の伸長にあり、今後はその支援が重要であることを④で親に伝える。
　その際に、「2学期こそ活発に発言するよう頑張って下さい」と子どもや家庭によびかけないのはなぜか。言われても、そうできない家庭もあるからである。茶田さんは、教師こそが学校で真っ先にその子を支援し励ますことを明示した。
　子どもの良さを認め励ます所見の、一つのかたちがここにある。

●そうか こう書けばよいのか！
　茶田さんは、他の子については何をどうとらえ、どう記述するのか。さらに2人の例をあげてみる。(線の区分は〈A〉と同様)

　〈B〉 朝の会で使うCDラジセを朝運動の前に用意するなど、係としての意識が向上しました。
　食堂掃除の取りかかりが早くなったり、運動のペアがつくれない友達に声をかけたりするなど、社会性の面でも成長がみられます。**かけ算九九の習得など、地道な努力が必要なことへも力を入れるよう支援**します。

> 〈C〉かけ算では九九暗唱テストを9番に合格し、単元テストの平均が80点を越える張り切りぶりでした。
> 　係の仕事について具体的に助言すると早めに学習用具を配ったり、音楽の御用聞きを自主的にしたりするようになりました。3学期は**給食をなるべく残さないように支援**していきます。

　「そこで」・「しかし」・「さらに」…これらの接続詞は一切ない。家庭への要望や課題提示もない。「よくやりました」「頑張りました」「一生懸命やりました」などの決まり文句も見当たらない。すべて**事実**を簡潔に記述するのだ。
　何をどのように頑張ったのか。その子にはどんな輝き・成長がみられたか。他者にはないその姿を生活・行動面や学習面、行事面から具体的に描く。その上で、教師は今後その子の何を支援していくのかを個に即して示す。
　だから、一人として同じ文面にならず、しかもバランスが取れている。
　たとえば〈B〉の子については、「運動のペアがつくれない友達に声をかけたりするなど、成長がみられます」で閉じるのではなく、「掃除の取りかかりが早くなった」ことと合わせ、「社会性の面でも成長がみられます」と一般化する。
　「声かけ」というささやかな現れが、この一般化によってさらに重みを増して意味づけられる。保護者は、わが子のその行動がたまたまの孤立した「点」ではなく、人としての重要な成長につながる「起点」なのだと理解できる。
　また、この子は係活動・掃除・友達への声かけなどの活動がまず認められ、その上で九九などへの粘り強い取り組みを促されている。その順序性が重要だ。
　まず生活上の肯定面を十分評価した上で、次に「それだけの力をもっているのだから勉強だって本気になれば」と、学習上の課題克服が提示される。
　学習は教師側の指導の重点ではあるが、学習だけがその子の評価の尺度とはなっていない。

●子どもの表れを複眼でとらえる

　また、よくみると、その学習も点数一本やりではない。〈D〉〈E〉にもあるように、生活科・図工・体育・発言・答え方など幅広く立体的にとらえられる。教師がこうした「複眼」をもつから、すべての子が示す輝きが必ずどこかで評価される。

次の〈D〉の子どもは、鋭い発言・丹念な描き方・授業道具の出し入れという三つの点からその学習上の現れを次のように評価された。(傍線は加藤による)

> 〈D〉「〜ものもいる」という言い方は「すべてが〜というわけではない」という意味だ、などと<u>鋭い発言</u>をしました。<u>いもの形やつるの様子まで丹念に描いて「いも掘り」の絵を仕上げました。授業で使う道具の出し入れや体育館の窓の開閉など係活動を熱心に行いました。逆上がり</u>ができた自信から困難に立ち向かう心が育ちつつあるように思います。

最後の一行にも着目したい。ここに「〇〇ができたから、次は△△にも努力しよう」と書かれると、保護者は「やればできる。もっとがんばれ!」とはっぱをかけがちになる。時に、それが子どもを追い詰める。

しかし、「逆上がりができた自信から困難に立ち向かう心が育ちつつある」と記されていれば、保護者もわが子のわずかな前進を次の成長への足がかりとして評価できる。

その前進をふまえて「すごいね。次は何を目標にするの?」と問いかければ、子どもの側から次のめあてを語ってくれるであろう。

> 〈E〉発言が意欲的になっただけでなく、理由を答える場合は「…から」と文末を整えるなど、答え方も的確になりました。
> 　元気なあいさつで教室に入り、着替えるとすぐ運動場に向かう姿はさわやかです。九九の暗唱や生活科の「お店調べ」など、得意な運動面以外でも活躍したことが印象的です。

この〈E〉では、はじめに《発言が意欲的・答え方も的確》と二つの成長の事実を指摘される。喜ばない保護者はいない。「よくやったね」と思わずほめる。それが、その子のさらなる自信につながる。

九九・お店調べなどはじめは得意でなかったかもしれないが、そこから逃げずに努力した肯定的評価が記述の中心に置かれている。

このように、茶田学級には点数という「単線」だけがあるのではない。生活や行動・学習や行事などの「複線」の軌道を、様々なタイプの車両がそれぞれの特性とスピードですすんでいく。

教師はせまい「ペーパー学力」だけにとらわれず、日常の中でそれらの子ど

もの多様な輝きをすばやくメモしておく。学期末が近づくとそれを読み返してセレクトし、動かせない事実として記して、支援の手だてを明確に示す。そこで、子どもも保護者も背中を押されるように励まされる。

こうして教師の愛で子どもを包み、自己肯定感を育てていくことこそが一人ひとりの心を安定させ、道徳授業で学びあったことを道徳実践力に転化させる起点となった。

◉書くための方法とは？

このような所見はどうすれば書けるのか。茶田さんは、30年の教師生活から紡ぎ出された言葉でその方法を次のように記す。

> ① これは！と思った子どものよい表れをその都度紙片（Ｂ４判４分の１）にメモし、台紙にのりづけする。たとえば、「絵の具のかたづけの時に流しの汚れをすすんでふきとった」など。
> ② 家庭学習の提出状況や授業で印象に残った場面なども、その日のうちにメモして明日に回さない。しだいに習慣化していく。
> ③ それらのメモを教室に掲示してその子をほめると、まわりの子の見方が変わる。（指導と評価の一体化・級友との評価の共有）学期末にはたくさんの台紙がたまる。それが所見の材料だ。
> ④ 書く時は１人分を36字×４行に統一する。一文はなるべく短くする。
> ⑤ 集まった具体的事実の中から生活面・学習面などをバランスよく選ぶ。針小棒大と言われようと、その子が光った場面を探そうと努力する。
> ⑥ 同じ文章の使いまわしはしない。使いまわすと、一人ひとりを見つめる目が鈍る。
> ⑦ テクニックではなく、教師の願いを所見に込める。今後の課題を記す場合も、その子にとって励みとなる言葉を贈る気持ちで書く。

すべての子どもの中に個性の「輝き」をとらえる教師の力量は、この積み重ねの中で育っていく。

◉年間を通してどう積み重ねるか

だが、さみしさを抱え、愛されている実感を持てない子どもたちは茶田学級以外にもたくさんいる。重岡秀子さんはその表れを次のように記している。

小学生の"荒れ"を考える

　ここ数年、ふとした子どもたちの一言にびっくりさせられたり、胸が痛んだりすることが多い。

　担任外なので、書写や図工・家庭科などでかなりの子と接しているが、書き方のノートを見せに来る時に「下手でしょ。下手でしょ」と言いながらノートを出す子。（小２）「だって、家で下手、下手ってしか言われないもん」と言う。

　また、「絵なんてどうせ下手だ。描きたくないよ」と最初から画用紙を持っていかない子。ある５年男子は「先生に"バカはバカなりにがんばれ。できる子のじゃまをするな"って言われたからその程度にやるよ」とさらっと言ってのける。

　『字が上手になると、歳とって死ぬまで一生手についてくるよ』と言うと、「いいもん。どうせ僕なんて長生きしないもん」（別の小２）

　私たちが思う以上に、子どもは小さい時からできるできないで差別され、愛されている・認められているという実感に乏しいのではないか。

　メリケンという武器を学校へ持ってきた児童の親は、「うちの子は学校がおもしろくないからこういうものに関心が行くんです。授業参観を見てもわが子について行ける内容ではありません」と言い捨てて帰っていった。

　この子は国算テストを白紙で出し、国語の本をボロボロに傷つけていた。特に能力が低いわけではないがコツコツ勉強するのが苦手。こうした子は、すでに自分も捨て始めているのではないか。

　自分を捨てるほど怖いことはない。小学校の"荒れ"の本質はこんなところにもありはしないだろうか。

　　　　　　　　　　　　　　（静岡県伊東市　重岡秀子）

　こうした現状に立ち向かう参考として、自己肯定感を育てる茶田所見の実際例を再度読みかえしてみたい。

　次ページ以降に小学３年１〜３学期、茶田学級27人全員分の実際例を掲げる。

● 所見例（小3 ①～③学期、茶田学級 27人全員分）

①毛筆の授業では前もってバケツに水を用意し、朝学では漢字テストをてきぱきと配るなど、学習係の中心になって活動しました。全員で音読する時は、ひときわ張りのある声で読みます。「ここ教えて」と頼まれると快く相談に乗ってあげる優しさもすてきです。
②スーパーマーケットを見学したその日に、見聞きしたことをきちんと作文にまとめました。その後も進んで見学に出かけ、デジタルで表示された価格と紙に印刷された価格があることなどを意欲的に報告しました。イラストを効果的に活用した"本の紹介"新聞は、係としての心意気を感じました。
③歌が苦手な男子のために歌詞を指差しながらリードするなど、温かい気遣いができました。6年生を送る会の掲示物作りでは、栗拾いをする人物が単調にならないように工夫を加えました。

①給食を早く食べ終えた時は、食器を整頓したり、ごみを回収したりする仕事を快く行いました。第一っ子広場の店を紹介する児童集会や1年生を迎える会では、全校を前にして度胸が据わった演技を披露しました。2学期は、こういうやる気を家庭学習にも発揮するよう支援していきます。
②窓開けやプリントの配布などの場面では、担当の係に取って代わるほどの働きぶりです。それが、あえて手伝わず「…してくれる?」と声をかけるようにもなり、心の成長を感じました。発言が積極的という長所は伸ばしつつ、ドリル学習にも力を入れるよう支援していきます。
③「書くことを避けてはいけない」と反省し、気合いを入れて漢字練習に取り組むようになったのは、大きな進歩です。国語辞典を授業で意欲的に活用し、すばやく引けるようになりました。

①第一っ子広場の店を紹介する児童集会では、「的当てレンジャー」になりきって勢いのある演技を披露しました。1年生を迎える会でも、出し物の自分の台詞を堂々と表現しました。早めに登校すると表情が穏やかですので早寝早起きの習慣化を心がけさせてください。
②漢字や音読を中心に家庭学習を粘り強く続けたことがりっぱです。校外学習のたびに、その見学内容を自主的にまとめた作文は、読みごたえがありました。登校時刻を早める努力が見られ、感情の抑制も進歩し、理科の忘れ物も減りました。生活を改善しようという意欲が光っていました。
③6年生を送る会の出し物で自分の台詞を天井まで届く元気な声で言うことができました。とぎれとぎれの発言に対して「…と言いたかったの?」と補ってあげた姿に成長を感じました。

①重要な箇所は赤ペンで囲むなどノート学習を大切にする態度がいっぱいです。休み時間には次の授業の準備をする、家庭学習も計画的に進めるなど基本的な生活習慣がしっかり身についています。2学期は、教室全体に伝わる声で自分の考えを話せるよう支援していきます。
②保健室からのプリントを渡すと、翌日には内容の確かな壁新聞を仕上げていました。社会科見学をまとめる授業では、1時間に4ページをこすほど熱心にノートを整理し、その内容も的確でした。校内音楽発表会のダンス練習も意欲的で、その軽やかなステップは学級の手本になりました。
③国語ノートに書いた自分読みは、今まで以上に読みごたえのあるものになりました。いったん「…だろうか?」と自問し、それに答える形で読みを深めようとする書き方が光っています。

①通せんぼされて困っていた級友を見かけ、さりげなく割って入り、「挑発に乗るなよ。」と助けてあげました。登校時に拾ったお札を警察に届けるまでの作文は、印象に残った場面に限定して詳しく書いた点がさえています。2学期は、家庭学習にもう少し力を入れるよう支援していきます。
②都道府県名を覚えようと何度も読み書きし、テストで目を見張る好結果を出しました。言葉の意味調べではすばやく国語辞典を引き、計算練習では競争するような勢いで取り組みました。新体力テストで記録係をしっかり務めたように、3学期も学級代表として活躍するよう支援していきます。
③長縄集会で感想を発表した時、目標を達成できなかった級友の複雑な気持ちに配慮した言葉を選びました。給食の食器回収や6年生を送る会の準備など、学級に役立つ活動を率先して行いました。

①給食の配膳より友達との話に傾きがちだった　君が、欠席者に代わって食器かごを運ぶなど、集団の一員としての意識が育ってきました。図書係としてワークスペースの本棚を整理するようになったのもうれしいことです。2学期はもう少し早く登校して運動場に出るよう支援していきます。
②　　　　　みかんの摘果についての説明が光っていました。栄養が50でみかんが5個なら1個分の栄養は10だが、2個に減らせば栄養が25ずつに増える、という論法です。国語の読みとりにも同じような鋭さを発揮しました。3学期は地道な漢字練習にも力を入れるよう支援していきます。
③音楽係として職員室に入る時、「失礼します」としっかりあいさつできました。朝の会では、すばやくCDを用意しました。「終わろう」と言うまで手を休めないほど、食堂掃除をがんばりました。

① 具体的な活動の手順を教わってからは、登校するとすぐ教室の窓を開けるようになりました。「何ページの練習問題を解く」のように、取り組む対象が限定されると作業に集中できます。「話は最後まで聞く」という我慢ができるよう、2学期も励ましていきます。
② 市内美術展の工作では、エレベーターのしくみなどを没頭して作りました。駅の点字ブロックを見て、「5個の列が5列、4個の列が4列だから…」と答えるほど頭の回転が速いことに感心しました。挙手する前に答えてしまう勇み足を改め、もう少し落ち着きのある態度が育つよう支援していきます。
③ 登校するとすぐ加湿器をセットし、脱いだ服はきちんとたたみました。視線が合ったことを認めると、次も「目で聞こう」と意欲的になります。都道府県の本に見入る姿は、級友のいい手本になりました。

① 学習係の仲間と協力して、漢字テストや書写ワークなどをてきぱきと配りました。教室掃除では、床ふきや机・椅子運びなどを陰日向なく行いました。地道なことを真面目に実行する姿勢は、家庭での漢字練習にも通じるものがあります。
② 子どもしか見えないはずの「灯のついたモチモチの木」が「医者様」にも見えたのは矛盾するという発言が印象的でした。「おかずの量を調節して給食を時間内に食べる」ことができつつあります。早めに食べ終わると、友達の食器を回収するボランティアまでするようになりました。
③ 6年生を送る会の出し物で、出番の多い台詞をタイミングよく言うことができました。長縄跳びの練習では、苦手な友達の背中をリズムに合わせて押してあげるという支援が光っていました。

① 読み聞かせの時間、私語をやめない男子に対して、「まだ続きがあるんだから静かに！」ときっぱり注意しました。1年生を迎える会では、出し物で受け持った台詞をはつらつと言いました。2学期は、指示された作業にすぐ取り組むよう、声をかけていきます。
② 胸を張って立つ、言葉の区切りで間をとる、といった点を意識して、運動会の「開会の言葉」を堂々と話しました。校内音楽発表会では、ダンスの練習を呼びかけ、昼休みに率先して実行しました。廊下に整列する場合でもすばやく行動すると、学級代表としての信頼がさらに高まります。
③ 友達との談笑よりも着替えを優先するようになり、登校後の動きがやや機敏になりました。6年生を送る会の進行係としての自覚も高まり、集合時刻を守って練習に参加するようになりました。

① 初めは、新出漢字を自力で書けませんでした。なぞり書きを何度もするうちに、書き順には一定のきまりがあることに気づきました。やがて、漢字ドリルを見ながら書けるようになりました。逆上がりができるようになったのも、漢字の習得と同じく粘り強さの成果です。
② 算数「かさ」のテストでは70点、「わり算」では65点を取りました。これは快挙です。混乱しがちな九九を必死に思い出して、わり算の答えを書く姿に、ほほえましさを感じました。正しい文字表記はもう少しですが、自分の考えを文に表そうという意欲は、確実に高まってきました。
③ 正しく書ける漢字が増えました。2けたのかけ算も少し支援すれば解けるレベルに達しました。3学期の目覚ましい進歩は自分の意志で地道に家庭学習をするようになった賜物です。

① 怜君に合わせた特別ルールとはいえ、ハンドベースボールの試合で初めて得点した時の懸命な走りは印象的でした。水泳でも、次々と進歩する友達に追いつこうと、自分から潜ってみると申し出ました。身の回りの整頓はもう少し気をつけるよう支援していきます。
② マット運動で「やらない方がいい。」と友達に忠告された時、「やりたい。」と抗議した姿がすてきでした。体育への参加が遠ざかりがちだった怜君に、前向きな気持ちが回復した瞬間でした。給食の時、牛乳パックを進んで回収したのは「できることはやる。」という宣言のように思えました。
③ 失いかけていた運動に参加する気力が回復しました。「ぼくにもボールを回せ!」という声が出るほど積極的になりました。引き締まった表情になると、計算ミスも減る傾向が見られました。

① 第一っ子広場の店を紹介する児童集会では、堂々と「的当てレンジャー」の演技を披露しました。国語で一斉に音読する時、ひときわ張りのある声でクラスをリードしています。取り掛かりのすばやさに加えて、じっくり考えるという慎重さも育つよう声をかけていきます。
② 集中して練習した努力が実り、逆上がりができるようになりました。校内音楽発表会の練習では、はつらつとしたダンスで学級をリードし、本番では口を大きく開け、表情豊かに歌いました。国語辞典に興味をもち始め、探していた言葉が見つかると、喜んで報告に来ます。
③ 6年生を送る会の出し物で、長めの台詞をはつらつと言うことができました。総合的な学習の経験を生かし、質問を用意して中央交番へ取材に出かけるなど、調べ学習でクラスをリードしました。

① 第一っ子広場では、店の責任者となり、看板や道具の作成に精を出しました。トイレのサンダルの整頓、毛筆の後の床ふきなど公共の場をきれいにする地道な活動を献身的に行いました。バトンパスのタイミングのよさなど、運動能力の高さも光っています。
② 短縄集会では前跳び・後ろ跳び・あや跳びの合格という目覚ましい活躍でした。声をかけると、掃除用具ロッカーをきちんと整頓しました。自分の考えを書くノート学習への取り組みが意欲的になりました。歩行の困難な友達が転ぶと、立ち上がる補助を進んで行うようになりました。
③ 前回の記録を1秒でも上回ろうと、持久走に取り組む姿は、クラスのよき手本でした。6年生を送る会の出し物では、自分の台詞を向こうの壁に届くような声ではきはきと言うことができました。

① リレー大会では、特別な配慮が必要な友達の分まで引き受けて、全力で走る姿がすてきでした。日直当番の時は、号令をはきはきとかけました。憧生君がかたづけた後の掃除用具ロッカーはよく整っています。伏し目がちだった表情は明るくなり、友達へのまなざしも優しくなりました。
② 「お話をします。」と予告すると、即座に姿勢を正します。4時間目が終わると直ちに給食着に着替え、手際よく整列させて出発の指示を出しました。「教科書の…を書き写しなさい。」という作業を意欲的に取り組みました。3学期は、応用問題にも立ち向かう力が伸びるよう支援していきます。
③ 持久走でトップクラスの足を生かして、サッカーでもチームの要として活躍しました。黒板をきれいに拭いたり、給食当番で重い物を率先して運んだりするなど、日常的な活動をまじめに行いました。

① 代表委員会での話し合いの内容をきちんとノートに記録し、クラスへの報告に落ちがないよう心がけました。リレー学習では、どのタイミングで走りだせばスピードが落ちないかを考えて、友達と声を掛け合いながら、バトンパスの練習を熱心に行いました。
② 歩行の困難な友達が転ぶと、2人組で上手に起こしてあげるようになりました。毎朝の練習が効を奏し、逆上がりができるようになりました。物語文の読みとりでは、言葉にもとづく豊かな発想を今まで以上にきちんと書くようになりました。
③ サッカーでは、複数の敵もかわすほど高いドリブル技能で活躍しました。「AさんとBさんの意見をつなげると…のようにも考えられる」という発言に　君の聡明さを感じました。

①「時速50kmから時速5kmにスピードを落としてごらん。」という助言をヒントに、文字をきれいに書く練習に励んだことをうれしく思います。1年生を迎える会では、学年の出し物で受け持った台詞をぴったりのタイミングで元気よく言うことができました。
②運動会の応援練習では、学級の士気を鼓舞しようと、張り切って声を出しました。テストの採点に誤りを見つけると、点が下がるのを気にせず正直に報告しました。給食の食器を回収するボランティアをしたり、トイレのサンダルを快く整えたりするなど、よく気がつくお子さんです。
③トラブルで興奮ぎみの友達をやんわりとなだめることができました。朝の歌をはつらつと歌うように、6年生を送る会の出し物でも、元気よく自分の台詞を言うことができました。

①発言は控えめな方ですが、真面目な学習態度でノートを几帳面に取っています。「何ページの何行目の…」という言葉から「～という気持ちが読み取れる。」などのように、自分の考えも書けるようになりました。教員に対する言葉遣いがていねいなことも感心しました。
②発言で勇気を出すようになりました。国語「モチモチの木」で「『と』がくいちがう。」という意味の発言で級友をはっとさせました。取りかかりが遅い友達にもめくじらを立てず、班の仲間と協力してまじめに食堂掃除をしました。3学期は忘れ物がもう少し減るよう声をかけていきます。
③絵の具の水をこぼしてしまった友達を助けようと、すぐ雑巾で拭いてあげました。クラブ見学のカードへの記入が人一倍ていねいだったところに、誠実な人柄を感じました。

①ノートに書き写す作業は得意な方ではありません。しかし、心にしっかり刻みつけるかのようにていねいに書いています。とくに算数テストでは、うっかりミスを最小限にとどめる慎重さが見られます。食後の食堂掃除では、班のお手本となる献身的な働きぶりでした。
②4時間目が終わるとすぐ給食着に着替え、「早く並んでください。」と呼びかけ、配膳でもかいがいしく働きました。掃除も同じく先頭に立って雑巾がけをしました。運動会の応援練習では張り切って声を出しました。いわれのない悪口への対処法を助言してからは、自信を回復して生活しています。
③6年生を送る会の出し物で担当した台詞は、じつに堂々としていました。人を見下した級友の言動にひるまず「サッカーで勝負しよう」と提案したことを知り、たくましくなったと感動しました。

① 「漢字テストをもらってない」と訴えた友達のために、機転をきかせて「余分に届いている人はいないか」と呼びかけました。給食のかたづけの時、当番が忘れていた食器かごを「代わりに運びます」と申し出ました。話し合いでは、前の友達に関連して発言することもできました。
② 習慣化をめざして取り組んだ結果、家庭学習の提出が1学期より増えました。4月は鉄棒の前回りすら怖がっていたのに、9月には逆上がりができるようになりました。体育でマットをかたづける時、他の班が使った分まで手伝うなど、集団に進んでかかわる意識が育ちつつあります。
③ 粘り強く続けた漢字練習でうれしかったのは、赤ペンの助言に応じて書き癖を改めようとしたことです。友達とのかかわりを通して「対立は相手を認める好機」と受けとめるおおらかさが育ちつつあります。

① 根気強い家庭学習の取り組みに頭が下がります。色ペンを効果的に使い、重要な点を強調したノートづくりを実行しました。授業で知った「温泉をくみあげる井戸」を探しに地域へ出かけ、それをノートにきちんと整理した行動力にも感心しました。
② 2回とも満点を取った国語の聞きとりテストから、ここぞという時の集中力の高さを感じました。短縄集会では前跳び、後ろ跳びの2種目で合格という好成績を収めました。配膳中に、歩行の困難な友達がこぼしたスープを、すぐ拭き始めたのが　　　　　さんでした。
③ 学習面で頭角を現すようになった友達に負けじと気を引き締めたところ、ノートがぐんと充実してきました。材木を使った工作は、細かく切った部品を器用に組み立て、段取りよく仕上げました。

① 初めは、顔を水につけることすら怖がっていました。潜れるようになると伏し浮きにも果敢に挑戦し、全身の力をぬいて10秒浮くことに成功しました。音楽のリコーダーテストが合格したのも、跳び箱の開脚跳び4段が跳べたのも、あきらめないで取り組んだ努力の賜物です。
② 10月19日、初めて逆上がりができました。11月12日、なわとびの前跳び3分が合格しました。係のリーダーが欠席しても、自分の判断で漢字テストをてきぱき配布できるようになりました。発言の声は1学期より大きくなり、休み時間には笑い声も聞かれるようになりました。
③ 家庭学習の取り組みは群を抜いていました。基礎的な問題がかなり確実に解けるまで進歩しました。教室での緊張がほぐれ、友達との自然な会話ができるようになりました。

①週明けの朝は、今週の給食当番を確認し、だれが何を持つのかという役割分担も率先して決めました。4時間目が終わるとすぐ着替え、手を洗って早く並ぶよう熱心に呼びかけました。「ノートをていねいに書けば、得意な算数がより確実になる」と励ましているところです。
②「教科書の…を書き写しなさい。」という指示を出すと真っ先に取り組みます。新体力テストのシャトルランでは学級第2位の好記録でした。配膳台にこぼれていたおかずをさりげなく拭きとった悠斗君を見て、自分の役割以外への目配りが育ってきたと、うれしく思いました。
③器械運動では、運動能力の高い級友に引けを取らない活躍ぶりでした。警察署見学のまとめを自主的に仕上げるなど、自分の言葉で表現するノート学習への意欲が向上しました。

①教室掃除の床ふきを真っ先に始めるのが　　さんでした。食後の食堂掃除も献身的に行いました。黒板をきれいにふくことはもちろん足りなくなったチョークの補充も率先して行いました。2学期は、言葉を手がかりに自分の考えを組み立てる力が伸びるよう支援していきます。
②欠席した友達へのおたよりをそろえたり連絡の手紙を書いたりするなど、保健係として熱心に働きました。運動会の団体演技や校内音楽発表会のダンスはめりはりのある動きで、まさに学級の手本でした。言葉を手がかりに自分の考えを書こうとする意欲が確実に高まっています。
③授業での初歩的な誤りをテストではくり返さぬよう意識するようになりました。6年生を送る会の掲示物作りでは、休み時間も惜しまず協力しました。

①国語「海の光」では「この場面は夜です。その理由は、夜光虫が光って見えるからです。」のように、的確に読み取ることができました。本腰を入れた時の　　君は、頭脳が高速回転するように思考が活発になります。2学期は家庭学習にも力を入れるよう支援していきます。
②ホテルの宴会場が2階に集中している訳を考える授業で間取り図の空白部分に調理場があると予想した発言が光っていました。『ゆけむり』に入選した腕前は健在でノートにまとめたふだんの文章も筋が通っています。3学期は安易な誘いに負けない心が育つよう支援していきます。
③階段を上ることが難しい友達のためにリコーダーなどを音楽室まで快く持ってあげました。6年生を送る会では、体調が悪い友達の代役を務め、出し物の台詞を元気よく言うことができました。

① 「そんな難しい漢字も読めるの?」などと、知識の豊富さで一目置かれています。でも、それを鼻に掛けないところがすてきです。やや控えめなところがありますが、朝の会の司会を務めた時は、きはきと号令をかけることができ、うれしく思いました。
② 「モチモチの木」の主人公「豆太」について、「昼間」のいばった態度が書いてあるから、「夜中」の臆病な態度が強調される、といった鋭い解釈ができました。あいさつ運動では、元気よくあいさつを返したと児童会役員に認められ、それ以後も明るいあいさつを心がけています。
③ 自分の考えを書く時、絵や図も加えて表現することでノート学習の効果をあげています。6年生を送る会の出し物で、自分の台詞を勢いよく言うことができました。

① 水泳で「伏し浮き」10秒ができるようになると、「けのび」もぐんぐん進歩しました。黙々と練習した努力が実り、逆上がりもできるようになりました。助言を素直に受け入れて地道に実行するという態度は、教室の授業でも一貫しています。
② 「運動会だより」に掲載する「タイフーン上陸」の原稿を書いたり、長縄集会のめあてを書いた掲示物を作成したりするなど学級のために惜しみなく協力しました。掃除や給食の配膳など地道な活動では黙々と働き、遠慮がちだった発言では勇気を出すようになりました。
③ 国語では、級友のはっとする発言に触発されて、行間に込められた意味もノートに書くようになりました。床のしつこい汚れを何日もかけてきれいにするなど、頼まれた仕事を誠実にやりとげました。

① 理科で栽培しているオクラやホウセンカの水やりをきちんと続けました。おたよりを持ってくる配達係の仕事はもちろん、黒板をふいている級友を快く手伝う場面もよくありました。2学期はもう少し欲を出して、読み・書き・計算の力をより確かなものにするよう支援していきます。
② すぐれた素質だけで市内書写展に選ばれたのではない、ということが右はらいの上達から読みとれました。市内美術展の工作にしても、どうすれば表現したいイメージに近づくのかじっくり考えて仕上げました。運動会の団体演技も校内音楽発表会のダンスも、しなやかな動きがすてきでした。
③ 6年生を送る会の掲示物作りでは、玉入れ競技のにぎやかさを表現しようと、動きのある人物を描きました。奉仕的な活動に取り組む時の意欲を家庭学習でも発揮するよう期待しています。

❸ 小さな輝きを赤ペンで大きく育てる
―― 問題をかかえた子との交流（小4）――

◈ 小さな輝きを交流と赤ペンで大きくする

　4年生のAさんは祖父母に育てられている女の子。さびしさとしつけの不足から人間関係がうまくつくれず、毎日のようにクラスでトラブルを起こす。

　それだけに、教師のことばかけやふれあいが嬉しいのだろう。「やってこい！」と頭から怒鳴らず、学校で共に学習して続きを家でやらせると、はじめて家庭学習をやってきた。

　「しゅくだい　今日は宿題をがんばりました。まえまで、できなかったけど、今では宿題が楽しくなりました。先生に教えてもらったことを思い出しながらやて（ママ）きました。とてもたのしくなりました」（傍線は担任教師）　〈日記1〉

　「先生に教えてもらったことを思い出し…」と学習にふみきった動機が書いてある。交流による成果である。それに対して、教師は右のような賞詞（原寸）を赤ペンで入れた。ひごろさみしいAさんにとって、それがどれだけ嬉しかったことか。

　そこでまたがんばると、また教師はそれをほめる。学びを通した交流は、ついに日記2（次ページ）のようなコラボまで生みだした。

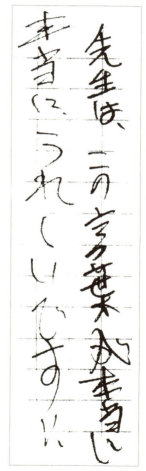

◈ 「事実」を列挙して家庭とクラスにつなげる

　こういう時は本人をよぶ。この日記2と前の日記1と対比させ「よくなったこと」を見つけさせよう。あなたであれば、いくつの良さを発見できるだろうか。

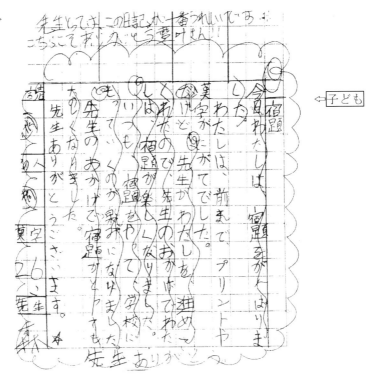

- ① タイトルがひらがなから漢字になった。
- ② 使われる漢字の数も11から30に増えた。
- ③ 前は漢字が苦手だったけど今はそうじゃないことがそこから事実として分かる。
- ④ 6行が倍の12行になった。
- ⑤ でも、字の間違いは逆に一からゼロになった。すごい‼
- ⑥ 「楽しい」が一つから三つになった。
- ⑦ できるのが楽しい・持っていくのが楽しい・先生のおかげで楽しいと、「楽しい」理由も種類が増えてきた。
- ⑧ 「いつも宿題をやって」と書くほど毎日がんばれるようになった。

　ざっと見るだけでも、これだけの「よくなったこと」が見つけ出せる。口先のおだてと称揚は違う。ただ、「がんばったね」というのでなく、動かせない事実を列挙して、心から納得させていく。それが自己肯定感を生み、深部からの自信を育てる。

　それら9つの良さを連絡帳に書いて祖父母に持っていかせたい。Aさんはき

っと褒められるにちがいない。すると、Aさんと祖父母との間に「ほめる・ほめられる」という回路ができる。そうなれば、「怒る・怒られる」回路も機能する。

　また、クラスで紹介すると、みなのAさんを見る目が変わる。しばらくすると、Aさんは「習字」と題した日記に「とてもむずかしくて、先生もきびしい」けど、「わたしのともだちが、習字に、入ってくれたので、とてもたのしく、すすんで習字ができる…習字は、とても楽しい」と書いてきた。

　以前は担任のおかげで楽しくなった。今度は習字の先生が厳しい中にも楽しさを感じている…その心構えの変化を大きくほめたい。Aさんは前よりも深い「楽しさ」・厳しさと併せての楽しさがあることにこうして気づく。自主・自立、向上心という道徳性は、こうしたプロセスから育ってくる。

　そこに、今までは日記には登場したことのない「わたしのともだち」が出てきた。その交流の広がりにも着目したい。

　またしばらくたつと、クラスでは休み時間にAさんを囲んで分からない勉強を教えあう子どもたちの姿が見られるようになった。

　このAさんの担任は教員2年目の青年であるが、その情景を写真に写し次のように感動的に記している。

> 　ある日の授業風景です。いつも話題にあがるAさんが、4年生の「割り算の筆算」を解けずに困っていました。授業中に、Aさんの隣の子が、必死に説明してあげていました。
> 　しかし、結局Aさんは時間内に解けず、「休み時間もいっしょにやろう」ということになりました。隣のBくんに「休み時間も教えてあげられる？」と聞くと、「はい‼」と言って意気揚々と教えてくれていました。
> 　そうすると、いつの間にか人が集まってきて、楽しそうに6人で勉強を始めました。Aさんもどこか楽しそうに勉強しています。ささいなことかもしれませんが、ネグレクトを受けてきたAさんには、とても大きな出来事だったようです。その日の日記にも、「みんなに勉強を教えてもらって楽しかったです」と書いてありました。
> 　こうやって一つひとつ人とのつながりを感じていける子になってほしいなと思いました。僕的にはとても感動した風景でしたので、少し共有したいと感じて送らせてもらいます。

　ここでは、「みんなと学びあうことが楽しい」と、Aさんはまた学ぶ楽しさの意味を広げたのであった。こうしてAさんは、担任・習字塾の先生・クラスの友達へと、学びを通しての交流を発展させていった。この中で、信頼・友情

という道徳性が育ち、仲間と共有されるのではないのか。

　もちろん、Aさんはすべてがよくなったわけではない。まだまだ指導を受けることもある。だが、指導も受け、褒められもする子どもにはなってきたのである。それが、「普通の子」への確かな一歩となる。

　教師の寄りそいから小さな輝きを生みだし、教師の赤ペンで大きく広げ、自己肯定感を育てて「厳しさの中の楽しさ」を体得させ、学びあいを通して、友だちとの交流の輪を広げていく。

　節度ある生活態度・向上心・信頼や友情・思いやりという道徳性は、そこから友達との関わりを直して、徐々に育まれていくに違いない。1時間の道徳授業は、その成長の実感を基盤にしてこそ子どもの中に浸透する。

　日々の多忙の中でも、問題を抱える子と関わり、小さな変化を見逃さず、大きく育て広げていくこの青年教師の実践には、「一人ひとりをどうとらえるか」「仲間の中で道徳性をどう育ちあわせるか」ということに関わるたくさんのヒントがある。

　　　　　　　　　　　　（実践・森亮介　沖縄県石垣市立石垣小学校）

授業の評価カードで対話する
── 学習についていけない生徒との交流（中３）──

● 「他人事」の授業は通じない

　Mさんは、１、２年時から服装や生活習慣などで毎日のように注意を受け、成績も低い。多くの生徒が高校進学を多少なりとも意識する３年生になっても、学習することを半ばあきらめていた生徒である。

　こんなMさんも、４月はじめは初めての教師・新しい公民という内容に接することで、授業の反省評価にも「初めて公民の意味を知りました。」「ちゃんと読めました。短期間で電化製品がいろいろ発達しているのを見てびっくり！」など、他の生徒と変わらず、前向きで緊張感を持って授業に臨んでいることがわかった。

　４月の終わり頃におこなった「家族」の授業は、母親と父親が離婚したばかりのMさんにとって、かなり関心がある内容だったのであろう。「結婚はめんどくさそうだけど子どもはほしい」「今日の授業は楽しかった」と書いている。

　しかし、１ヶ月が過ぎるころになると学校を休みがちになり、３分間テストも０点や２点、反省評価もただ一言「びみょう」など、やや息切れ状態に陥ってきていた。「寝ちゃった」…そんな危うい日も。

　ただ、「今日は本当にしっかりできた。久しぶりで疲れた。」「社会がだんだんわかってきた」…と、学習をすべて放り出してしまうことはなかった。

　逆に、６／２には「発表できた」と、はじめて自分から手を挙げ発表したことを喜んでいる。「できたから嬉しい」というのが、"ゆれ"の中での本人の素直な気持ちだったのだと思う。

　今までの平等権の授業では、かつての高校の１週間の時間割を示して、女子は家庭科、男子は体育などが置かれていることに気づかせて授業を始めた。

　今では中学校でも男女一緒に技術・家庭科を履修しているが、以前はそれが当たり前ではなかったことをもとに、憲法14条の存在意義などを理解させ、今なお残る差別について教科書で調べ、そこから在日朝鮮・韓国人への差別、ア

≪Mさんの自己評価カード≫

＊"ゆれ"の中で必死に授業についていく生徒を、教師は懸命に赤ペンで支えていく。

自己評価カード　　　　　　　　（3）年（2）組　氏名（　　　　）

月日(曜日)	学習内容	自分のめあて	忘物	2分前着席 ○、×、×	発表挙手	3分間テスト	今日の授業の反省と評価	
4/13(火)	公民とは	へんじ、お礼を いがいする。	ノート ×	○	0回 0	8点	つくえ、お礼はしっかりできました!! 始めて公民の意味を知りました♡	◎
4/14(水)	現代社会を 考えるP8〜11	プリントをしっかり やる!!	○	○	0回	10点	プリントができた♡	◎
4/15(木)	現代社会を 考えるⅡ	教科書をていねい に読む♡	×	○	7回	8点	ちゃんと読めました!! 短期間で電化製品がたくさん発達してるのをみて、びっくり!	◎
4/(金)	しせいを くずさない	→	○	×	×回	4点	よくできました♡ノートもっ♡ スイ すく	!
/( )	休みでした。					点		
4/28(水)	家族と社会生活	ノートをキレイに かく♡	×	○	0回	○点	ノートはきれいだそうだけど、字は おそいです♡	◎
4/30(金)	家族と あっぱ	楽しく勉強♡ ノートが	○	○	0回	10点	今日の授業楽しかった♡ノートも しっかりかけた♡次もがんばろう。	◎
/( )	休みでした。					点		
5/7(金)	中間テストに 向けて	はっぴょう したい	○	○	回	あってません 点	ひみつ	
5/11(火)	人権について	ノートを かく。	○	○	回	点	ノートが書けました♡	
5/12(水)	人権の歴史	ノートを ♡知識×	○	○	× 回	4点	ノートをちゃんと書いた♡ どうした?!	◎ ろくと
5/13(木)	日本国憲法	しっかり かく!!	○	○	回	2点	今日ホントにしっかりできました!! スイスイできたよ。 OK	◎
5/19(水)	テストとなおし プリントのまとめ	テストとなおしを しっかりやる!!	♡	○	な6回 23	点	社会がだんだんわかってきた♡	◎
6/1(火)	大日本ていぽう	ノートをていねい に書く	○	※	×回	8点	わかったけどノートが？かな できました!!ノートでいねいな字で good	◎
6/2(水)	国民主権と 天皇	しせい正しく。	○	○	○回	4点	はっぴょうできた♡ ノートがけた♡ すごい	◎
6/3(木)	平和主義	学習をしっかり 覚える。	○	○	×回	9点	ノートをしっかりとかけた!! 玉置真人よく頑張ってエライね♡	◎
6/8(火)	基本的人権 そんちょう	ノートを キレイに こまく	○	○	×回	8点	ノートをしっかりと書けた!!	◎
6/9(水)	平等権	しせいよく話を きく。	○	×	×回	○点	さべっちゃった!!	◎

イヌ民族への差別などに気づかせる。

 だが、このような展開では、カリキュラムの男女差別は昔のこと、各種の「差別」はテストに出てくる重要語句としてしか受け止められない。

 あの「家族」の授業の時のように、自分ごととして受け止め、共感する授業ができないか。高校受験をあきらめ、ふだんの授業が意味を持たないと思っているMさんにも、聞く耳を持って臨める授業をしたい。

 そこで、6月8日の基本的人権の尊重（平等権）の授業では、高校入試の合格判定を巡って、筋ジストロフィーの少年が起こした訴訟について扱った。
（加藤好一『新・公民授業プリント』地歴社の実践を発展）

●「自分ごと」の授業から交流を

 まずは、法定代理人である両親に見守られて、判決について感想を発表する少年の姿を拡大コピーして黒板に貼る。

 両親よりも低い位置での体つきであることに気づかせ、どのような少年かを問う。

 「小学生？」「顔からして高校生？」「車いすに乗っているので背が低いのでは？」などと自由に発言させる。この時点で全員を引き込めなければ、1時間の授業はあっけなくお手上げ。多くの生徒が私語や睡眠に陥っていく。

 はじめから個々にプリントを分けてしっかり見させたいとも思うが、教師の方へ視線を集中させなければ授業に引き込めそうもない。そこで、あえて黒板に大写しの写真を貼ることとした。

 この少年が高校へ不合格になったこと。そのことで高校側を訴えて裁判を起こしたことなどを伝え、そこではじめてプリントを配る。なぜ少年が高校を訴えたかを知りたくなっている生徒たちは、すんなりとプリントに目をやった。

 次に、なぜ不合格にしたのか高校側の立場も考えさせる。すると、「階段の上り下りに友だちの手を借りる」「体育など着替えに時間がかかる」（できない）「トイレやスロープをつくる費用がかかる」など予想以上に多くの意見が出された。

 じつはこの生徒たちの学年には、車いすで生活する生徒がいた。段差がある図書コーナーや体育館の入り口にはスロープが設けられ、トイレが改修され、

介助者がついて生活していた。

　正直、生徒や教師の中には「なぜ一人だけのために？」などという声もあった。そのためか、具体的かつ実感を伴った発言がみられた。

　「受け入れ態勢・設備の整った養護学校高等部で学んでほしい」という高校側の言い分も紹介し、『君が裁判員だったらどう裁く？』と投げかける。理由もふくめて自分の考えをノートに書く時間をとる。

　それを受けて、玉置君は勝訴か敗訴か意見を発表しあった。多くの生徒が勝訴という中で、敗訴という者も積極的に手を挙げて活発な議論となった。

　最後に玉置君勝訴の判決とその内容について伝え、憲法14条をノートに書いて確認させたが、途中でチャイムとなってしまった。

　いつもなら、自己評価カードの反省・評価の欄には、授業態度についての反省・評価や授業の感想が多く書かれる。それがこの時は、授業の内容について自分の意見を書いた生徒が多かった。

　「私は賛成だと思う。他の学校に入ったらいいとかはその人の人権を無視することになると思う」というのは、養護学校なら施設・設備が整っていて本人にとってもその方が良いのではないかという意見に対しての反論である。

　「やっぱり、私は反対です。みなみちゃんが言ったのもあるし、結局その高校に入らなかったのだから」というのは、障害者がみんなに迷惑をかけていると普段から感じている生徒のコメントである。授業の中でいえなかった思いを評価カードに書いたのだろう。

　Mさんも「のーとをしっかりとれました！玉置君わがんばってエライね。1年も」と、久しぶりに2行いっぱいにはみ出して評価・感想を書いていた。

◉「自己評価カード」は何を支えるか

　そこで彼女のカードの記入をふりかえってみると、学習を放り出さずぎりぎりのところで何とか踏んばっている姿をかすかに読みとることができる。

　それは微妙で、とても頼りないものだ。教師は、『今日の時はとてもやる気を感じられるね』『この頃10点が続いていいぞ！』などとコメントを入れて食い止めるしかなかった。

　ただ、じつは本人自身が、4月当初の自分のやる気ある文字を毎時間ちらちら見て、「眠いけど、もうちょっと踏んばろうかな」と、内から湧いてくるかすかな力を感じ取っていたのかもしれない。

　この自己評価カードは社会科の教科係が授業前に配布しておく。授業の最初

に「３分間テスト」で前時の復習をし、５問×２点＝10点で記入。「授業の目当て」は生徒個々に任せることが多いが、たくさん発表してほしかったり、じっくり自分の力で調べてほしかったり、その授業で特に生徒みんなにがんばってほしいことがあるときには、教師側から共通の目当てを課すこともある。

　授業の最後に挙手、発表の回数と授業の反省評価を書いて提出させる。生徒は、１時間の授業の反省・評価すると同時に、今まで自分が積み重ねてきた授業に対する取り組みを一目で感じとれる。

　１時間の授業に少しは自分なりの目当てを持って取り組めればよいと思って始めた自己評価カード。

　教師にとっては、認め励ます言葉をかんたんに一言朱で入れるだけであるが、一人一人の生徒と授業をめぐって対話できる場であり、自分の授業を反省し振り返ることができる資料にもなっている。また、一人の生徒の学習に対する意識や態度の変化を読みとることもできる。

　Ｍさんにとってもこの評価カードは、学習に対する意欲を途切れさせないで微妙に持続させる効果があるのではないだろうか。

　彼女をはじめとする生徒が魅力を感じ、共感できる平等権のような授業を１時間１時間コツコツ積み重ね、自己評価カードにみながいっぱい感想を書けるようにしたい。

　　　　　　　　　　　（向井一雄　静岡県伊東市立南中学校）

―●ポイント●―

　自分を投げ出してしまいがちな一人の生徒がいる。授業を通して彼女の中に自律の力を育てていくにはどうすればよいか。自己評価カードを媒介としての粘り強い実践である。

　ゆれ動く心に寄りそい、「ぎりぎりで何とか踏ん張る姿」をかすかに読みとり、教材と生徒・生徒と生徒を「つなぐ」授業づくりに心を砕く。その中で、生徒が教師とつながって授業内容に共感して話しあいが生まれていく。

　学習を放り出さない力を日々に授業を通して育てることは、自分を放り出さない自律の力・ささやかな自己肯定感を生徒の中に培っていくことでもある。道徳性を養う授業づくりの、一つの試みとして受けとめたい。

❺「自分のいいところ」を見つける
―― 初心を大切にして、思いを学年で共有する（中学）――

◉入学文集をつくろう

中学校では入学式のあと、「中学生になって」などと題し、決意や目標の作文を課していることが多いと思います。そこで中学生が掲げることは毎年変わりません。①成績を上げる、②友達をつくる、③部活を頑張る、です。多くの決意は自分で深く考えたものではないように感じます。中身が希薄で、具体的には何も記述できていないのです。それでいて、思いだけは３年間で最大なのです。この浅いけれど熱い思いを深めたいと思いました。「中学生になって」の作文集は入学文集『３年後の自分に送る手紙』と題して、数ヶ月かけてカラー印刷でつくります。

卒業文集はよく目にしますが、文集が出来ればそれで終わりです。しかし、入学文集は、その後の３年間、初心を忘れさせないために中学校という舞台で活用することが出来ます。また、形に残すことで、多くの仲間の思いを目の当たりにし、学級・学年・学校づくりの目標につなげていきやすくなります。

◉個人の思いを学級目標に高め、学年全員で聞き合う

４月末の道徳は「壁を越えるのはだれ！」という副教材で朗読劇をすることになっていました。私は、学年道徳を提案しました。個人個人で表明された「中学生になって」の思いを集めて学級目標を決め、それを学年全員で聞き合い、思いを共有しようと思ったのです。練習時間はわずかでしたが、本番ではどのクラスも力強い群読を披露しました。

◉「入学文集」は一生もの

6月初旬の道徳で、自分を見つめ直す副教材を導入にして、4月に書いた「中学生になって」の文章を再考し手直しさせることにしました。これが「入学文集」の原稿となります。この原稿作りと並行し、美術の授業で自画像作りの時間を1時間とってもらうことにしました。手書き原稿に自画像を入れて「3年後の自分に送る手紙」は完成です。

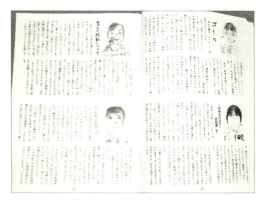

文集は、仕上がりにこだわります。縦書き2段、14字×25行の罫線を作成し、印刷は白い紙の裏面にやや薄くします。別の白い紙を下敷きにすると、裏面の罫線がはっきり見えるので、字をそろえて清書することが出来ます。清書で私がこだわったのは、生徒に最後の行まで文章を書かせることです。文章力がないか、横着な生徒は数行足りない場合があります。それを完成として許すと、できあがった文集に空白が多く残るようになるのです。どうでもいいような事かもしれませんが、一生ものなので、子どもたちの作品にはこだわりたいのです。清書は縮小コピーをして、1ページ2人分、100ページ余りの文集が出来上がります。

◉「自分のいいところ」を見つけよう

7月初旬の道徳では「自分のいいところ」を見つける作文を課しました。「中学生になって」の再考から、視点を変えて肯定的に自分をとらえるのがねらいです。その作文から12名のスピーチ者を選ぶのですが、スピーチ候補者として担任が学年会にあげたを数人の作文要旨は以下の通りです。とても具体的現実的な内容になっています。

A 野外活動や体育祭で協力の大切さを実感した。新たに2つの目標。みんなと協力していく。
B 入部を後悔し、転部を考えたけど、友だちの励ましで3年間続ける決意をした。
C 自分を見つめ直した。部活に積極性、授業で自分の意見を言う、どんな場面でも協力、何事も真剣。

D　班長として不安だが、少し頑張れる勇気が出てきた。これからも発表していきたい。
E　自分も嫌な言葉を言っていないか、友だちとの関係を心配したけど、いろんな人がいると再発見。
F　わがままを言って部活動を選んだのに、親に迷惑ばかりかけている。勉強も部活も頑張る。
G　中学生になり、毎日忙しくて自由な時間がない。ダラダラする自分の弱さを直したい。
H　ネガティブ思考なのが悪いところ。でも今はどうしたらいいのかも考えられるようになってきた。

◉３年間思いを学年で共有する

　７月下旬、夏休み直前に学年道徳を企画し、「振り返りの会」として１学期をしめくくりました。内容はスピーチと全員合唱が基本です。この時のスピーチは、「自分のいいところ」から選びます。担任が男女８名、学年で48名を候補にあげ、内容が重ならないよう各学級男女一人ずつを私と担任で選びました。選ぶ基準は、個性的なもの、気持ちが表れているもの、学年全員で共有したいものです。選んだ代表12名は、「優秀者」ではありません。実際、成績では下位の生徒もいました。中学生としての決意や悩み・不安を語り、様々な思いを学年みんなで共有して１学期をしめくくりました。

　この時の生徒は、すでに中学校を卒業しています。それぞれ、このスピーチ以後も葛藤を繰り返しましたが、Ｂ・Ｆは部活動を続け、Ａ・Ｄは学年行事でリーダー的な活躍をしました。子どもたちの３年間を振り返ってみると、多くの生徒が「初心」を大切にしていたのだと思います。再考を繰り返し、それを仲間に表現し、思いを学年で共有するやりかたは、テーマを変えて３年間繰り返しました。

（横山基晴　広島市立牛田中学校）

第2章
地域と学級の出来事を教材に

❶ 車いすマークを探す
―― 体の不自由な人と交流しよう（小２）――

◉なぜ体の不自由な人たちに着目するか

　他人の目から見ると何の脈絡もなく突然わめきだし、感情がおさまるまでトイレの中でやさしく担任に抱きしめてもらっていた女の子。母親に逃げられ、父親は勤めに出るのが精いっぱいで、朝食ぬきで遅刻がちな毎日を強いられる男の子。もののはずみで体にふれたのに、たたかれたと思っていきなり殴る子。

　１年生では担任の温かい指導で育てられて、排除こそしないものの、いわゆる「ふつう」の範囲を超えていると思われがちな子に対して、学級では一定の距離がおかれているようであった。

　人は仲間をつくってくらす時、その構成員はそれぞれ違う個性を持っていることを知る。さらに、いろいろな立場や状況におかれた人たちが助けあうのが人間の社会というものだと知る。

　人間と社会に対するこのような認識を育てることが、「自分自身や自分の生活について考え」ることとなり、一人ひとりに道徳性を培い、「自立への基礎を養う」ことにつながる。

　２年２組の子の間には「目に見えないちがい（心の面）」があるのに対して、身体障碍者の方々には「目に見えるちがい（体の面）」がある。自分と障碍者との「目に見えるちがい」「生きる姿勢」を調査と交流を通して理解しようとすることが、両者の心理的な壁を低くし、相手の人格を認める心を育む。

　その過程で徐々に培われた知恵と視野の広がりが、学級内の「目に見えないちがい」への理解をうながすであろう。

◉車いすと松葉づえを比べよう

　≪用意したもの≫
　①車いすの一部を写した写真の拡大カラーコピー
　②車いす――福祉センターで子ども用を借りる。

③松葉づえ——学校近くの病院で子ども用を借りる。

　ある部分だけを見せて全体を見せる方法は、子どもの頭をわずかだけれど刺激する。①のコピーを示し、子どものつぶやきを待つ。足をのせるところ、タイヤの外側についている手で回す鉄の輪から、車いすだと答える。

『車いすと松葉づえでは、足の不自由な人にとって、どちらが動きやすいですか』

　一時間の授業では、全員に体験してもらうゆとりはない。それでも、松葉づえは脇の下がすぐに痛くなること、車いすは段差がないところならずいぶん進みやすいこと等を知ることができた。

●車いすマークを探しに行こう

　新築した熱海市の中央公民館には、身障者用のトイレ、エレベーターの車いす用のボタンがある。車いす体験をした子どもの視野を、体の不自由な人のくらしを支える個別の道具から社会生活を保障する設備へと広げるために見学を行った。

『♿ という記号を見たことがありますか。今日はこの記号を探しに中央公民館へ出かけましょう』

　エレベーターの入り口のボタンより低いところについているもう一つのボタンを見つけた名川君は、車いすに座っていると、上についているボタンは押しにくいとつぶやく。

　車いす用のトイレを見ながら説明を受けた松本さんは、足で押すと水が流れる仕組みを知って、こういうトイレを考えた人の知恵に感心する。浜名君は、階段の段差が低いことと手すりがついていることに着目し、元気ではない人（たとえばお年寄り）が登りやすいようにつくってあるのだろうと考えた。

　教室に帰ってから見学記録を生活科ノートに書く。発表しあうなかで、設備に込められた思いやりの心・知恵を見抜いた友達の鋭さに関心の声があがる。

　「車いすの人はどうやってお料理をつくるのかな」「バスにどうやって乗るのかな」「じこにあわないのかな」と車いす生活への関心も高まってきた。

●歩道のボツボツは何だろう？

　次は、目の不自由な人へと順次子どもの視野を広げる。学校から徒歩１５分ほどのところに清水町商店街がある。ここの歩道には、横断歩道の手前と歩道の切れ目に点字ブロックが設置されている。そこをフィールドとして、グルー

プごとにブロックを探す活動をさせた。

　商店街から一本はずれた、車があまり通らない道を進むグループについて行った。ここはぜんぜんないねと言いながら、商店街の通りに戻ると、車道より少し高くなっている歩道の切れ目に黄色のボツボツを発見する。

　さらに進むと、あった、と声を上げてかけよる。いくつ見つけたかをめあてとしたため、どういう所にあるかという規則性には思い至らない。そこで、教室に帰ってから住宅地図のコピーを示し、点字ブロックの見つかった所にシールを貼る作業をさせた。

内田さんの整理したこと

> ①車道より少し高い歩道にはボツボツがある。でも、車道に線が引いてあるだけの歩道にはない。
> ②広い道路には一段高い歩道がある。せまい道路には一段高い歩道はない。
> ③横断歩道がついている四つ角や歩道が切れて車道に降りる手前にボツボツがついている。

『ボツボツは何のためにあるのだろう』
　中井君は、すべり止めだと言う。石原君は、足のマッサージだという。青竹踏みや疲れを取るために足をのせるボツボツのシート（？）を連想して、クラスに爆笑が起きる。恥ずかしがらずにこういう発言をすることが嬉しい。

　池島さんは、横断歩道があるよとか、歩道が切れているからころばないようにねと知らせるものだと言う。このことから、点字ブロックは目の不自由な人のくらしを支えるものだという理解がクラスに広がる。

　先の内田さんのまとめは、こうしてできた。次は、そうした障碍者の方々とふれあうこととしたい。

◉車いすの人と卓球をしよう

　教室に来てくれる身体障碍者を探すことができるか。
　授業の悩みはここにあった。福祉センターで、熱海身体障碍者福祉会の小川陽三会長を紹介していただく。その結果、卓友会という卓球サークルの練習場で会えることとなる。
　静岡県内でも熱海市は身体障碍者の活動がとくに盛んで、ボランティアではなく身障者自身の企画・運営によって主体的に参加する形をとっているという。
　南熱海マリンホールで開催された静岡県東部身体障碍者第一回記念卓球大会

の取材をさせてもらったことから、校内の研究授業に小川会長・卓友会の桃井理事長・山田さん・堀部さん（女性）の4名に来ていただけることとなった。

場所は体育館。一緒に卓球をするというのが主な活動。しかし、学校で用意できる卓球台はわずか2台。1台では、車いすの山田さんや堀部さんと普通の卓球。もう1台では、ゴロ卓球といって目の不自由な人でも楽しめる、転がすと音の出る球を打ちあうゲームを行うこととする。

はじめに、教員にも聞いてもらいたいという小川会長のあいさつ。次に、2台の卓球台に分かれて自由に遊ぶ。最後に、山田さんによる車いす操作の妙技の披露。

最初、子どもは固くてやや難しい話と卓球そのものの難しさに、やや尻込みしてしまった。けれども、最後の山田さんの技には目を見張る。「足が動かなくても、きたえれば、こんなに運動神経がよくなるんだ」と、「目に見えるちがい」をのり越える努力に感心していた。全員で車のところまで見送りに行って別れた。

❀まとめ

これまでのあゆみをふりかえり、絵本づくりという形でまとめの表現活動をさせた。はじめて障碍者と交流したことは、2年生にとって新しい体験であった。「ちがい」があっても「同じ」ということに気づいた子どももいる。ハンディがあっても自分達よりすごいと驚き、「かわいそう」感を逆転させた子もいる。

実感を伴ってそのようにとらえたことが、共生社会を成り立たせる相互理解・モラル・道徳性の涵養につながる。

①車いす・松葉づえ体験と「？」さがし⇒②さまざまな場所での設備探し⇒③障碍者との交流とすごさの発見へ。それがこの単元の学習の流れであった。この実践を機に、教師自身の人間を受容する幅も広がってきたように感じる。

（茶田敏明）

❀ポイント❀

道徳教育1・2年の内容には、「幼い人や高齢者など身近にいる人に温かい心で接し、親切にする」（指導要領）とある。そうした道徳性はことばだけで培われるものではない。この実践のように、モノ・人と多面的に関わり、障碍を超えてたくましく生きる人と交流する中ではじめて養われる。「すごいなあ」という感覚で「ちがい」をとらえることが、級友の間にある「目に見えないちがい」の理解を促す基盤となることも再認識したい。

<目標> 車いすを使っている人や目の見えない人などのくらしを調べることによって、障碍をもつ人への関心をもち、共に生きる知恵を考えようとする自分自身に気づくことができる。

時間	学習内容	評価
3	1. ♿マークをさがしに、新しい中央公民館に行ってみよう。 ・係の人から♿のトイレと非常用スロープ（非常階段の代わりに設置されたもの）の説明を受ける。…グループごとの見学は安全管理等の見地から不可であった。 2. 見学記録を書き、発見したことを伝えあおう。 ・直接説明を受けなかったエレベーターや階段の手すりにも足の不自由な人への心くばりがあることが確認されると拍手が起こった。	①♿マークのついている設備を意欲的にさがしたか。 ②説明を聞いたり、自分の目で見たことをもとに見学記を書いたか。 ③施設や設備にこめられた意味を自分なりに気づいたか。
1	3. 脳性まひによる肢体不自由児（沼津市の小学一年生）の生活（学校・家庭・地域）をビデオで見る。 ・吉田さんが「体の不自由な人ってどういう人かわからない」と言ったので、ビデオという間接資料を用いた。本人・母親・学級の友だち等の視点を示して視聴ノートを書かせた。	③ビデオの"あずささん"の生活を通して、体の不自由な人のイメージをふくらますことができたか。
5	4. ♿マーク・道にあるまるいぼつぼつをさがしてみよう（家庭学習として出す）。 ・志村さんの調べノートを紹介すると、翌日情報収集者がぐっとふえ、学級全体に"さがす活動"への興味・関心が高まる。 ・♿はさがせどなかなか見つからない。点字ブロックはそれに比べてあったという報告が多い。授業時間に、清水町商店街へ出かけグループごとにさがす活動を実施。その探検記をもとに地図へシールで分布を示し、考えたことをまとめる。 5. 道にあるまるいぼつぼつは何のためにあるのだろう。	①自分から進んで♿や点字ブロックをさがしたか。 ①福祉会の人へ積極的にかかわっていったか。 ②調べたことや交流したことを工夫してノートや絵本に表現できたか。 ③点字ブロックがあるわけや体の不自由な人の生活について考えることができたか。
2	6. 足の不自由な人と卓球をしよう。（本時）	
3	7. 今までのあゆみを絵本にあらわそう。	

❷ ツバメの巣とビニール傘
── 思いやりをひろげよう（小4）──

◈通勤の途中に教材を発見

　すべての子どもをゆさぶる道徳教材を身近なところから開発したい。

　指導要領にも、「感動を覚えるような魅力的な教材の開発や活用を通して、児童の発達の段階や特性等を考慮した創意工夫ある指導を」〈第3章　道徳　第3（3）〉とあるではないか。

　茶田敏明さん（静岡県熱海市立多賀小学校）は、日ごろ乗り降りする熱海駅の構内でそのような教材開発のヒントを発見した。

　それはツバメである。改札口を出たあたりの天井近くにそのツバメの巣はある。ヒナをねらう敵を寄せ付けない格好の場所であるが、そこは人々が頻繁に行き来する通路の真上にあたっていた。困るのはふんの落下である。

　ある日のこと、逆さにした透明なビニール傘が「軒下」につるされていた。傘がふんを受け止めるというアイディアだ。

　またある日には、巣の真下の通路にカラーコーンが置いてあった。見ると、「頭上注意！　ツバメの巣あり」との貼り紙がある。次の年もこれはくりかえされた。

　誰がしているのだろう。茶田さんは、改札窓口の若い駅員に聞いてみた。

　「あれは、ぼくたち若い職員が自主的にしたものです。上司とか会社から言われたものではありません。お客さんから苦情があれば、ツバメの巣は撤去しなくてはなりません。でも、あのようにすれば被害がなくなり、それを回避できますからね」

　さわやかな答えだった。道徳授業の「魅力的な教材」になると確信した茶田さんは、サークル"ゆい"の例会でその構想を紹介した。

◉思いやりをひろげよう

　これに共感し、自分の授業に取り入れたのが宮村和秀さんである。
① まず題材がいい。子どもは生き物が好きなので、導入に活発に反応する。資料として長い文章を読んでいくと、それだけでついて行けない子がでてくる。
② 次に「？」がある。写真に写っているこの銀色の棒は何かな？　誰が何のためにしたのだろう？と、順次追究をつなげていける。結論が分からないので、"この答えを先生は要求しているな"という予想を崩せる。つまり、教師の求める答えを察した一部の子が「たてまえ」をしゃべる授業にならない。
③ ことばによる深い思考の場面はないが、「身の回りには他にもこういうことがあるぞ、探してみよう」と思わせる広がりがある。「できる」子だけが発言するのではなく、クラスの誰もが身近な生活とつなげて参画できる。
④ 発展性がある。授業後にこれと似た事例を探す子があれば、実践化の第一歩としてほめることができる。

　では、授業の前提として宮村さんは子どもの実態をどうとらえるのか。指導案の3・「主題に関わる子どもの姿」〈事前〉には、次のように記されていた。

> 　帰りの会などで、友達にしてもらった親切などを発表している。内容は「○○を貸してくれた」「遊びに誘ってくれた」等である。けがをした時も、すぐに周りに集まり心配する様子が見られる。…
> 　総合的な学習では、…お年寄りの施設との交流をしている。その中で、お年寄りを喜ばせようと…耳が遠い・体が不自由・目が悪いなど相手の立場に立って、遊びを考えられるようになりつつある。
> 　そんな優しい子どもたちであるが、自分に直接関わらない他人の優しい行為には意外と気づかない。
> 　例えば、道脇の花壇に花が咲いていても「きれいだな。誰が世話をしているのかな」とか、お年寄りが神社を清掃していても「すてきな行いだな」と気づかない。単なる風景で終わってしまう。

　仲間うちには優しいが、社会生活を支えている多くの善意にはまだ気づいていないというのだ。個々の集団内の「思いやり」が社会全体への「思いやり」につながらない場合、それはしばしば他者への排他性に転化する。
　そこで宮村さんは、「日常」に埋もれた「他人の優しい行為」の意味に気づかせ、思いやり「発見」と「共感」のまなざしを育て、身近な生活から地域・社会へ拡げていこうとした。
　「2 授業の主題」は「相手のことを考え、すすんで親切にする」と定めた。

それが思いやりについての多くの4年生の理解内容であるからだ。そうした「思いやり」が学級だけではなく社会の中でも広く行われていることを「発見」させ、その意味を考えあわせる。

3枚のツバメ写真からつくる「道徳」1時間の授業は、こうして構想された。

◉発見から謎解きへ──誰もが知っている「ツバメ」と誰も知らない謎の棒

この授業の導入部は次の通りだ。

---
1 「思いやり」って何だろう？　「やさしくしてあげること…」
2 この写真は何だろう？　（写真資料①）「ツバメの巣だ！」「見たことある」「下に何かあるぞ」
3 写真の下に写っているこの銀色の棒は何だろう？
　「壁の飾りかな」「巣を支えている棒かも…」「傘の骨かも」──（写真資料②を提示）「ほらね、ビニール傘だった！！」

4年生なりに「思いやり」を定義づけた後、まずツバメの巣に関心を引きつける。すると、下に写っている銀色の棒に誰かが気づく。これなあに？

生き物に関わる「？」、しかも具体的な答えを当てればよい。これならかんたんだ。ああだこうだと全員参加で考えを出しあえる。

予想した後に写真資料②をみると、正体はビニール傘。やっぱりね。だが、この第一の謎の解決は、「誰が傘を置いたの？」と新たな第二の謎を生む。子どもが「？」にのめりこんだところで、授業は次の4・5の展開部に入っていく。

教師は次のように問いかけて、頭上から足元へと子どもの視点を転換した。

---
4 この傘は　だれが　だれのために置いたのでしょうか
　「駅員さんが通行人のために置いた」「駅員さんがツバメのために」
　「駅員さんが、通行人とツバメの両方のためにしたんだよ」
5 だまって、「頭上注意」のカラーコーンの写真（資料③）を提示
　「すごい。こうすれば絶対にふんがかからない」
　〈子どものさまざまな反応にうなずき、いくつかを拾い上げる〉
　このコーンや傘を置いた駅員さんはどんな人だと思いますか
　「やさしい人」「動物にやさしい人」「人間にやさしい人」
　「みんなに思いやりのある人」

誰が置いたかが分かると、教師は「置いた駅員さんはどんな人か」と問う。

「なぜ置いたのか」とは尋ねない。「なぜ」ではなく「どんな」がよい。理由ではなく人がらを想像させる。具体例を元にするので、多くの子が発表できる。

「思いやりのある人」だとまとまったところで『では、君たちの周りでは、この駅員さんだけがこういう思いやりを持っているのでしょうか』と問う。「ちがう」「他にもいる」『ならば、そういう思いやりは社会のどんなところにありますか』…こう投げかけて、授業は6・まとめの段階に入る。

> 6 このように、身近にあるけどふだん気づかなかった思いやりを探そう
> 「横断歩道のところの壁に、〈子ども、飛び出し注意〉って誰かがはってくれた」「おばさんが、ごみステーションのまわりを掃いていた」

頭の上にも足元にも思いやりはあった。「そういう身近な思いやりが自分には見えなかった」という反省が、「よし、ならば次は探してやろう」との意欲に変わる。その「再発見」の発表と共有から道徳授業が日常とつながる。他の教育活動とも関係して社会的視野に裏打ちされた道徳的実践力が育まれる。

思いやりをかたちの上で教えこむことが道徳授業ではなく、見えないけれどじつは存在している思いやりを子ども自らに発見させることから道徳学習が展開する。そこでは、日々の生活から生まれる意識を道徳教材と融合することが大切なのだ。〈事後〉として宮村さんが願ったのは、次のような子どもの姿であった。

> 総合的な学習の中で2回目のお年寄りとの交流の後、課題を「お年寄りに優しい」から「地域に優しいことをしよう」と広げていきたい。
> 老人福祉から地域全体へ思いやりを広げ、自分たちにできる少しのボランティア（チョイボラ）へつなげていきたい。

小4の社会科では、まず水道・消防など地域社会を支える「しくみ」を学び、次いで開発教材などを通して地域社会の「なりたち」を探り、最後に県内各地の地域社会の「ちがい」に目を広げる。このような地域社会の「しくみ」「なりたち」「ちがい」を科学的に学ぶ社会科学習と、その地域社会を円滑に動かしている多くの「思いやり」「優しさ」に目を開く道徳授業とはじつは相関している。

そこで授業後は、自分たちが「思いやり」「優しさ」を実践する対象をお年寄りから地域全体に広げていくのだ。チョイボラとは、その地域社会の活動に、子ども自らがチョイと参画していくことである。

以上をまとめれば、地域社会での人々の「思いやり」に目を開く「ツバメの

巣」1時間の道徳授業は、第一に社会科での地域社会の多面的理解につながり、第二に総合的な学習・行事を窓口としての地域社会への自らの参画につながる。

その起点となる授業を全員参加で成立させたのが、「身近」「生き物」への着眼と「？」を探究へつなげる展開のくふうであった。その詳細を次に記したい。

＜主題名＞

「ツバメの巣」　指導内容　2－②　　思いやり　　（自主開発教材）

＜主題のねらい＞

相手のことを考え、すすんで親切にする

＜本時のねらい＞

直接関わらない思いやりの行為には十分気づけていない子どもたちが、駅でツバメの巣の下にビニール傘を置いた駅員さんの行動を考える中で、何気なく見過ごしていた身近な思いやりの存在に気づき、他にも事例を探して感謝の心を持つ。

＜本時の構想＞

写真①

ツバメの巣の写真①を提示する。その写真の中に、細い金属の棒が見える。『これは何だろう』と問うと、子どもたちは写真①に食いついてくると思う。

たくさんの意見が出た後で、写真②を提示する。子どもたちは、「やっぱり」「ちがった」などと反応するであろう。写真②から、

写真②

ツバメの糞が下に落ちないように傘を設置したことはすぐに分かる。（あるいは、②の写真を紙で隠して上から徐々に見せていくと、次第にビニール傘が現われて来る。子どもたちは「アー!!」と声を挙げながら驚きをもってその画像を見つめるであろう。）

そこで、『誰が何のためにこんなことをしたのだろうか』と問いかけていく。「駅員さんが通行人のために」という答えはすぐに出てくるであろう。小グループでさらに深く考えさ

写真③

せ、「ツバメのために」という答えにも気づかせたい。

歩く人の服が汚れたら、駅にはきっと「ツバメの巣を撤去しろ」という苦情が寄せられると思う。子ども同士の話し合いを通して、通行人・ツバメ両者への想いやるある行動であると気づきを広げていきたい。

では、なぜ黒い傘ではなく透明な傘を使うのか。それは、汚い糞も見えるが愛らしいツバメの姿も見えて通る人の心も安らぐからである。①糞の被害を出さない・②通行人の心を癒す・③かわいいツバメの命を守る（巣を撤去させない。巣から落ちても受け止める）……1本のビニール傘には、そうした沢山の思いやりが込められていた。

そこからさらに、これを設置した駅員さんの優しさ、人がらを想像させていく。つまり、本時は「AかBか」と二つの価値が対立する授業ではない。あるいは「Aが是か非か」と論じあう授業でもない。お客さんとツバメ双方のためになる思いやりを考えた人間の素晴らしさに、子どもどうして気づきを出しあいあいながら迫っていく授業なのだ。人間とツバメの間に対立が起きるのではなく、対立が止揚されていくところにこの授業の深さがある。（どちらかががまんしなくてよい）

こうした授業を通して、ふだん何気なく見逃してしまう日常の風景の中に人のさりげない思いやりがあることを「発見」させたい。そこから、新たな目で自分の身の回りや地域にある今まで気づかなかった他者の思いやりを見つけ出す力を養っていきたい。

また、もしも中学校で実践する場合には、ツバメの巣と糞の写真を見せて『君が駅長ならどうするか』と発問し、その後にビニール傘の写真を提示したい。生徒は、そのくふうの凄さに感動し、授業にのめり込んでくるに違いない。

（実践・宮村和秀　前・静岡県伊東市立大池小学校）

巣を作るツバメのつがい。ひなが育つと上の写真のようになる。

◎ 指導の過程

予想される子どもの表れと教師の支援・評価

「思いやり」って何だろう。
- 他人に優しいことをしてあげることだよ。
- ぼくは○○さんにこんなことをしてもらった。これが思いやりだと思うよ。

写真資料①を提示する。

| この写真は何の写真だろう。 | ・ツバメの巣 | ○引っ込み思案で、挙手しないSSさんを指名し活躍させる。 |

この写真の下に写っている銀色の棒は何だろう。
- 何だろう。・傘の骨みたいだな。
- 壁の飾りかな。・巣を支えている棒かな。

写真資料②を提示する。
- やっぱり、ビニール傘だ。

☆たくさんの思いつきの意見が出ると思うが、普段発表の少ない子を中心に多くの子を指名する。

この傘は　だれが　だれのために　置いたのでしょうか。

駅員さんが **通行人のために**	駅員さんが **ツバメのために**	駅員さんが **通行人とツバメのために**
・歩く人の頭に糞が落ちないように ・洋服がよごれないように ・汚れないように	・通行人服を汚したら、ツバメは嫌われるから ・頭に糞を落としたら、ツバメをにくく思うから	・通行人は糞が落ちて来なければ、可愛いツバメだと思う。動物にやさしくできる。 ・糞が落ちてきて汚れたら、「こんなところの巣はとってしまえ」と駅に電話してくるから。

写真資料③を提示する。

この傘や頭上注意（写真資料③）を置いた駅員さんはどんな人ですか。
- やさしい人　・動物にやさしい人
- 思いやりのある人

こんな身近にあるけど、ふだん気が付かなかった思いやりを探してみよう。

- 道端の花壇にいつも花がさいているけどだれが植えたのかな。
- いつも神社をお掃除しているお年寄りがいるけど、えらいよね。
- 横断歩道のところに、「子供、飛び出し注意」って壁にはってあるけど、誰かがはってくれたんだ。

評価　駅員さんのツバメへの行為についての話し合いや、身近にある思いやり探しから、気付かなかった思いやりに気付けたか。（発表意見から評価する）

〈板書例〉

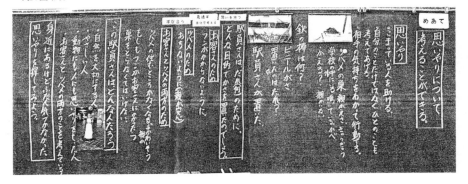

〈子どもどんな思いやりを学校や社会に発見したか〉

朝に、6年生が教頭先生、●●先生といっしょに落をはいている。

帰りに他の学年が校長室や職員室にあいさつを言って帰っていた。

がい出でごみをおいてでなんのごみもすててあけているみがいる

遠足の時にゴミ拾いをしている人を見た。

・電車で席をゆずってくれた。
・子どもが事故に合わないようにはたふりをしている。

・電車に、足が不自由な人ゆうせんのせきがある。
・車のいすが後にたおれる。
・あぶないところには きけんとかいてある
・ボールで あそんでいてころがってしまたのをひろってくれた。

※これらを共有することで、子どものまなざしはさらに深化・拡充する。

(実践・陣内康成　静岡県伊東市立池小学校)

───◆ポイント◆───

　子どもは生き物が大好きなので、導入に活発に反応。さらに？があるので身を乗り出す。予想が当たった嬉しさを、主発問をめぐる活発な応答につなげたい。しかも、テーマは身近な熱海駅に関することだ。この思いやりが自分には見えなかった反省を、「よし、ならば今度は探してやろう」との意欲に変えたい。その再発見が道徳的実践力の育成につながる。

　地域の日常に思いやりを発見するまなざしは、続いて日々の登校風景に「？」を見いだすことにもつながる。茶田敏明さんの学級では、毎朝校門前で交通整理をしている人はおまわりさんかどうかが問題となった。

ヘルメットおじさんのひみつ

けさ、校門前で、ヘルメットおじさんがいました。わたしと更沙ちゃんでヘルメットおじさんに聞きました。
「すみません。社会科の時間に、『ヘルメットおじさんとはだれ？』ということがもんだいになっているんですけど、なぜ学校にとう校する子どもの安全を見てくれるのですか。それから、おじさんはどこの人なのですか。」
そうしたら、おじさんが教えてくれました。
「おじさんは、もみじが丘に住んでいます。なぜ子どもの安全を見るかというと、役いんの人の役目とだいたいっしょです。」
わたしは1回しか聞いていないのに、おじさんは何回もくり返しました。へんだな、なんでこんなにくり返すのかなと、わたしは思いました。わたしたちは
「ありがとうございました。」
と言って、学校へ入りました。
それから、わたしは、
「役いんの人と同じ役目とは何か」
というもんだいを考えてみました。ひらめいたのは、役いんの人とはみどりのおばさんのことかということです。みどりのおばさんは、第二小の子どもの交通安全を見まもってくれます。ヘルメットおじさんもわたしたちの交通安全を見てくれるやさしい人だと思います。（　聡美さん　5月19日記す）

わか竹　第二小　3年2組　6月4日第24号

　警官なら仕事でやっているが、そうでなければ奉仕の心＝お金のためではなく子どもたちへの思いやりでやっていることになる。
　「ヘルメットおじさんはけいさつかんか？」——この問題を立てた小3の子どもたちは社会科と関わって自主的な探究活動を行った。分かったのは、警官ではなく地域の人であるということだ。
　調べた聡美さんは、「私たちの交通安全を見てくれる優しい人だ」と、そこにも思いやりを見いだしている。
　道徳授業での学びは、こうして各教科での学習と相互発展させていきたい。

❸ 不法投棄された粗大ゴミ
── 郷土愛と社会への奉仕（小5）──

◉「泉地区 再発見」──地域は「よいところ」だけか

　4年生の時は3年生と合同で自分たちが住む熱海市泉地域を探検し、そのよいところを発見した。緑が豊か自然がいっぱい。その自然を紹介するカレンダーや本を作り、植物で小物も作って地域のイベント・みつわ祭りで販売した。

　では、泉は「緑が豊かで自然がいっぱい」だけか。よいところだけなのか。そう5年生に問いかけると、「ゴミがあるのをよく見る」「粗大ゴミが山に投げ捨ててある」などと声があがった。

　『ならば、これまでとは違った探検に行こう』

　視点の転換である。クラス14人の子どもは、ゴミ班・空気班・水班に分かれ、5回にわたって地域調査を行った。ゴミ班はカメラ、水班はパックテスト、空気班は気体検知管をもって…

　調べた結果は、学校で「泉エコマップ」と名づけた模造紙の地図にまとめた。水と空気はまず良好。だが、どこにも不法投棄がある。住宅地から少し離れた道路下の谷は粗大ゴミが山のよう。「マップ」はゴミ班が撮影したゴミの写真でいっぱいになった。

◉なぜひどいかを考える

　たとえば、壊れた洗濯機をゴミステーションに出したら、ゴミ収集車は引き取ってくれるか。熱海市環境センター発行の『熱海市のごみの分別・出し方』によると、洗濯機は「処理できないもの」とされている。

　冷蔵庫も同じである。家電リサイクル法により、取扱店などに直接搬入しなくてはならない。だが、生活の便利さにかまけて、「廃棄」という問題を忘れがちになるのだ。

　使えなくなれば、「後は野となれ山となれ」。子どもたちが調査した問題の背景にはこのような事情があった。

◉「どうする?」から「こうする!」へ

　なんとかしたい。自分たちで拾い集めるという意見は、急な斜面を下りるのは危険であり、粗大ゴミは手に余るとの理由で却下。ビデオ映画にして訴えるという案は、時間がかかり学習発表会の練習と重なるということでこれもダメ。最後に残ったのは、ゴミを捨てないよう呼び掛ける看板作りであった。

　だが、たとえいいことでも、他人の土地に勝手に看板を立てることはできない。子どもの善意が公に認められるかたちにするには、正式の許可が必要である。だが、「こうする」ということは決まっても、どこへ許可の申請をすればいいのか。教師にも分からない。

　それでも、地域を愛し、地域をきれいにしたいと思った子どもたちはあきらめない。市役所へ電話することになった。

　子どもが直接話したのだが、これが一筋縄ではいかない。たらい回しにあったのだ。環境課→建設課→まちづくり課へ。そこでは、計画書と地図の提出が必要で、それに申請書と土地所有者の承諾書を添えて下さいとのことであった。

　調査・考察・提案にとどまれば何の問題も起きない総合的な学習も、「こうする」と決めて実行に移そうとした途端、社会の厚い壁が立ちふさがる。「地域をきれいに」という道徳的実践力を発揮するには、この壁を突破することが必要であった。

◉道はどこから開けたか

　見かねた校長が市役所の出先機関・泉支所に相談してくれたところ、その支所員の一人が手を貸して下さるという。子どものやる気に応えてやろうと、さっそく学校に足を運び、以前環境センターに勤めていた経験をもとにさまざまな助言をしてくれた。

　どんな看板をいくつどこへ立てたいか計画を具体化すること、許可申請の方法や手順、土地所有者との交渉の仕方などなど…その上、土地所有者との仲介役などは買って出るとのことである。

　子どもの素直な気持ちを受け止めて一文の得にもならない仕事を引き受けてくれたことに、教師は感動した。こうした大人の姿こそが、子どもに無言の道徳的感化を及ぼしてくれる。

◉環境破壊はストップだ

　そこからはスムーズにことが進んだ。まずは屋外広告物許可申請書の提出。

あわせて、「よごさないで みんなの町」「環境破壊をストップだ」「ポイ捨て禁止！ 泉の町をクリーンにしよう！」など、ベニヤ板に描いたユニークな看板4枚が完成した。

続いて承諾書が学校へ届き、晴れて看板を設置できる日が来た。ガードレールなどに看板を固定すると、教師が何も言わないのに子どもは近くに散乱するゴミを思い思いに拾い集めた。

これこそが、「地域の自然を大切にし、環境美化にすすんで取り組む」という道徳的実践力の発露ではないか。

この活動は、熱海新聞に「環境破壊はストップだ 不法投棄撲滅の手作り看板 泉小5年生が設置」と、写真入りで大きく報じられた。

◉この実践をどうとらえるか

この実践はサークルゆいの例会で報告され、参加者からは次のようなコメントが寄せられた。

▷総合的な学習では、（調べて知る⇒まとめて終わる）というかたちが多い。その点、この実践は子どもたち自身が自ら地域社会に働きかける段階にまですすんでいて素晴らしい。道徳的実践力はこうした活動を重ねる中から育つのではないか。

▷ごみグループの調査が、看板づくりにまで発展する過程に唸ってしまった。子どもの熱意に突き動かされて学級担任が動く。子どもの意欲に応えようと懸命に模索する担任の姿を見て校長が手を貸す。やがて、話を聞いた地元の人が乗り出す。子どもの本気は確固たるものとなり、実践につながる。

▷5年社会に「わたしたちの生活と環境」という単元がある。教科書には、牛乳パックで紙すき体験してつくった紙に学習のまとめを書くという事例が紹介されている。そつがない方法である。

それに対して壬生さんの実践は粗削りで計画性に乏しいかもしれない。しかし、どちらの方が実践力を高め、子どもの心に残るだろうか。マニュアルが乏しいので苦労は多い。だが、目の前に立ちはだかるいくつもの課題を克服した時の達成感は大きい。

▷『ゴミから地球を考える』（石沢清史 偕成社 1985年）という本がある。引

き取り手のない高級ウイスキーや化粧品。ジュースなどのビンを回収してもらおうと新潟県巻町の主婦たちが立ち上がる。その運動をきっかけに、県内の他の市町村も空きビンの回収を始めたという。

壬生実践は、こういう市民運動とも一脈通じるところがある。

(実践・壬生旭洋　静岡県熱海市立第二小学校)
※この実践は初任者として勤務した熱海市立泉小学校におけるものである。
(ここでの記述は、サークル『ゆい』機関紙231号での茶田さんのまとめによる)

◈ポイント◈

例会での以上4つのコメントをふまえていえば、ここには、学校・地域を巻き込んで教育活動を展開していく一人の青年教師の懸命な姿がある。

子どもたちが〈調べてまとめる〉⇒〈発表して学びあう〉というレベルを超えて〈実行〉にまで至ったのは、その情熱があればこそだ。

経験を重ねれば、いつか教室の枠の中で子どもを「動かせる」ようになる。見通しの立つ範囲を超えずに、要領よく学習を展開するようになる。だが、若い教師はそうではない。見通しのない中を子どもとともにつき進み、ともに展望を開いていく。

ここで教師と子どもが学んだのは環境問題に加えて現実社会を動かす大変さであり、その中で道を開いていく方法である。「地域をきれいにしたい」という「思い」を「きれいにする」という、「かたち」に変える道徳実践力は、たとえばこうした体験を通して育っていくのではないか。

子どもにとっても、心に焼き付いて忘れられない思い出となるに違いない。86ページ以下に収録した離島の小さな中学校での実践も、青年教師ならではの清新な試みのひとつである。

葬式ごっこ
── いじめの実相に向き合う（小5） ──

◈**はじめに**

　道徳の授業の難しさは、子ども達がすでに答えを知っているということだろう。
　友達と仲良くする、お年寄りに親切にする、困っている人を助ける…どれも大事なことではあるが、正しい答えは授業をする前から知っている。
　つまり、道徳の授業をしなくても、何が大切なことなのかは分かっている（わかったつもり）ということである。
　「いじめ」について授業で取り上げる方法は幾通りもあり、さまざまな方法で子ども達に考えさせることができる。しかし、道徳の授業の中でいくら「いじめは許さない」、「友達を大切にする」「相手の立場になって考えよう」等のきれいな言葉の羅列を見たり、教師の話を聞いたりしても、子どもの心の中にどれほど響くであろうか？
　そこで、道徳の授業の中では、どれだけ子ども達が真剣に考える題材を与えられるかが重要になってくる。
　ここでは「葬式ごっこ」という、実際にあったいじめの資料を用いて、なぜいじめがいけないのかを考えさせていきたい。
　重要なのは、「いじめはやってはいけない」という当たり前のことを子どもに発言させることではない。
　いじめは、急に起こるものではない。小さなきっかけにより差別が生まれ、集団の中にいじめる側といじめられる側が生まれていく。その周りには、どちらにも属さないただ見ているだけの傍観者が生まれることに気づかせていきたい。

　この授業にあたって行った子ども達のアンケートでは、「クラスにいじめられている子がいたらあなたはどうしますか？」という質問を行うと、ほとんどの子ども達が「いじめられている子を助ける」と答えていた。
　しかし、「もし、クラスの中でいじめられている子があなたの嫌いな子だったらどうしますか？」という問いかけをすると、「いじめられている子を助ける」という答えは

4分の1に激減した。

「いじめを見ている」や「いじめている人をいじめる」という考えが4分の3を占め、いじめられている相手によっては傍観者や加害者を生んでしまうという怖さがアンケートの中に表れていた。

そのため、「いじめ」の問題を取り上げるにあたっては、子ども達により切実な自分ごととして考えさせる必要がある。そのためにも、小さなきっかけで人間関係の歯車が狂い、人生までも狂わせてしまった実際のできごとを取り上げることで、真剣に考えてくれるのではないかと考える。

◉授業を行う時期

この授業は、学級の中でいじめにつながりそうな発言が生まれた時、悪ふざけをするような子が学級の中心になりそうな時、教師の言葉が子ども達に届かなくなってきたと感じた時など、学級の問題が悪化しそうな時に行うのが最も効果的であると考える。いじめが起こってからの事後指導よりも、いじめが起こる前の事前学習が何よりも大切である。

（参考文献：豊田充・五味彬『葬式ごっこ──八年後の証言』風雅書房　1994年）

◉授業の展開（第1時）

〈導入〉色紙のレプリカを提示し、内容について考えさせる。

▷ これは、なんだと思いますか

▷ これは、東京都に住んでいた中学2年生の鹿川裕史君という男の子が、クラスの人からもらった色紙です。

▷ この色紙には、こんなことが書かれていました。「さようなら」「手紙くれよな」「君のことは忘れない」「ばいばい」

▷ これはどんな色紙だと思いますか？

▷ 他にもこんな言葉が書かれていました。「昨日まで元気だった君がまさかこんなことになるなんで、親友の僕には信じられない」「君のことはわすれない」「やすらかにねむれ‼」

▷ 他にもこんなものが書かれていました。「つかわれるやつがいなくなってさびしーよ」「今までつかってごめんね　これは愛のムチだったんだよ」「バーカ」「ざまあみろ」

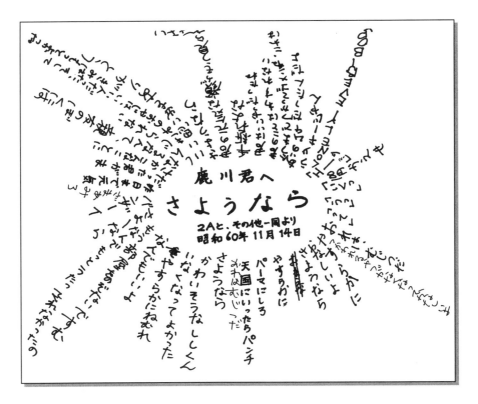

〈展開1〉色紙をもらった背景を知り、鹿川君の気持ちを考える。
▷実は、この色紙は、生きている鹿川君に対して書かれた文章なのです。
▷この色紙をもらった時期に鹿川君は、学級のあるグループからこんなことをされていました。(以下、いじめの実態を説明)
▷一日に何度も友達から買い物を頼まれました。学校でも、家に帰ってからも。マンションの8階を何度も歩いて買い物に行かされました。一度、授業を抜け出して友達の買い物に行った時、先生に見つかり頼んだ友達は注意されました。
　その友達はドジを踏んだと言って、鹿川君に殴ったり蹴ったりの暴行をしました。木の上に登らされて大きな声で歌ったこともありました。下で、たくさんの人が笑っていました。
　授業中に机を高く積み上げて、鹿川君に向かって机を倒したこともありました。学校に行ったら靴をトイレの便器の中にいれられることも何度もありました。嫌だ、やめて欲しいと口答えすると、何度も殴られたり、蹴られたりしました。

そのうち、周りで見ていた人の中には、この行為を面白がってはやし立て、一緒に鹿川君のことをからかう子が出てきました。
▷ 鹿川君はこうされたことをどう思っていたのかな？
〈ワークシートに鹿川君の気持ちを書く〉

〈展開２〉鹿川君のその後について考える
▷そのうちに、クラスの中で鹿川君を無視しようという意見が出てきました。みんながそれに従い、鹿川君はクラスのほとんどの人と口を聞かない日々が続きました。鹿川くんを無視するのに飽きたクラスの友達は、「無視するのはいないのとと同じことじゃない？どうせだったら死んだことにしようよ。」という話を出しました。
　「どうせ死ぬのだったら葬式をあげてあげなきゃね」というような感じで、このクラスでは、11月15日に葬式ごっこを行うことになりました。鹿川君の机の上には、花、お線香、みかん、そしてクラスのほとんどの人が書いたこの色紙。鹿川くんは、こんな中でこの色紙をもらったのです。
▷ 鹿川君は、この葬式ごっこをされた時、どんな気持ちになったのかな
▷鹿川君は、その後も学校に何度か来たのだけれど、行くたびに殴ったり蹴られたりしました。鹿川君はどうにかこのグループから抜けようとしたのだけれど、それを言うともっとひどい目にあいました。
▷三学期に入ってからは、鹿川君は学校へ行くのが辛くなって、休みがちになり、１月31日に家出をしました。そしてその次の日の夜に、ある場所で発見されました。
▷ 鹿川君はどこで見つかったと思いますか？
▷鹿川君は、岩手県のあるビルのトイレで発見されました。その横には、こんな手紙が置かれていました。
　「家の人、そして友達へ
　　突然姿を消して、申し訳ありません
　（原因について）くわしいことについては、AとかBとかにきけばわかると思う。俺だってまだ死にたくない。だけどこのままじゃ『生きジゴク』になっちゃうよ、ただ、俺が死んだからって他のヤツが犠牲になったんじゃいみないじゃんか、だから、君達もバカな事をするのはやめてくれ、最後のお願いだ。
　　　　　　　　　　　　　　　昭和六十一年二月一日
　　　　　　　　　　　　　　　　　　　　鹿川裕史」

▷鹿川君は、どうなったのかな
▷鹿川君は、この場所で「死」を選びました。
▷鹿川君が死んだことを周りの人が知った時、どんなことを思ったかな？
〈ワークシートに書く〉終わった人は、裏に感想を書いて下さい。

◉授業の展開（第2時）
〈展開3〉クラスの状況といじめの周りにいた人たちの気持ちを考える
▷昨日は、鹿川君が学校で色々なことを受けてきたことを知りましたね。例えば、どんなことがあったのかな？
▷今、みんなが言ったように、鹿川君はそんな生き地獄のような日々から逃げるために、東京から岩手まで行き、そこでとても辛い選択をしました。どんな選択だったかな？〈前時の学習を想起〉
▷じつは、鹿川君がこんな「生きジゴク」のような学校での日々を過ごす前、中学1年生の初めから中学2年生の夏にかけて、他にも鹿川君と同じような辛い日々を送っていた人がいたのです。
　その子は、山形君と言って、鹿川君と同じように、靴を隠されたり、牛乳を机の中に入れられたり、机を崩されたりしました。山形君は他にも、ゴミ箱の中に入れられて、階段から突き落とされることがありました。
▷でも、山形君はあることをきっかけにこんな辛い日々を過ごさなくてもよくなりました。
　どうしてだと思いますか？
▷実は、山形君は中学2年の夏休みに転校したから嫌がらせをされなくなったのです。山形君がいじめられている頃、鹿川君はこのグループからいじめられていません。
　鹿川君はその時、何をしていたと思いますか？〈予想を書く〉
▷じゃあ、発表してもらいましょうね。
▷この時、鹿川君が言っていた言葉です。「もっとやっちゃおうぜ」「おれにもなぐらせろ」「やれやれ‼」こんな言葉を言っていました。
▷鹿川君はこの時何をやっていたの？
　分かったことを②に書いてください
▷鹿川君は山形君が辛い日々を送っている時、意地悪をしている人と一緒にいて、横で騒いでけんかやいじめを盛り上げていました。でも、その山形君が転校した中学二年の二学期から、そのいじめのターゲットは鹿川君に移っていっ

たのです。
▷その時のクラスの状況は、どうだったと思いますか？　いじめやけんかが起こると、周りにいるたくさんの人が集まって、「もっとやれ！もっとやれ！」「なぐれ、なぐれ‼」みたいに、騒いでいたそうです。
　人が無視されたり、泣いていたりしても、自分がいじめられるのが嫌だから、たくさんの人がいじめを盛り上げていたのです。
▷このクラスは最初からこんなクラスだったと思いますか？　じつは、この学年は中学一年生の時は、すごく良い子たちだと言われていたそうなのです。
　でも、クラスを引っ張っている面白くて人気のあるような人たちが、わざと人が嫌がるような言葉、例えば、「だまれ」「デブ」「馬鹿」「うざい」などを言い始めたのです。
　わざと先生に文句を言ったりして。「はー、そんなことだれがやるか」「なんで、おれだけ叱るんだよ。あいつもやっているだろ」「先生、うざい。おればっかりに言うな」このような言葉で口答えをするようになりました。
　先生も最初は注意をしていたのだけれど、人気がある面白い子達がそんな反抗をするから、他の人達も真似をしだしたのです。反抗するのがカッコいい、と思う人が増えてくると、先生の話を聞かなくなるのです。
▷授業中はどうなると思う？　全然話を聞かない、授業中は勝手に歩き回る。漫画を読む、遅刻をする。どんどんやりたい放題になってきたんです。そういう中だから、鹿川君がいじめられていても、誰も助けられないし、先生もどうしようもならない状態になってしまったのです。
▷昨日、みんなはワークシートの中に、鹿川君が亡くなったことを知った時、周りの人たちはどう思ったと思いますか？という問題への答えを書きましたね。
　鹿川君をいじめた人達は、自殺したと聞いた時どう思ったでしょうか。
「ラッキー、ヤッターなど、喜んだんじゃないかな？」と思った子どもがほとんどでした。「かわいそう、なんで死ぬんだよ。やり返せば良かったのに…」など、後悔していると予想した子もいました。
▷実際には、いじめた人達は、朝からとても暗い顔をして、「大変なことをしてしまった。まさか死ぬなんて」とものすごく後悔している様子でした。横で鹿川君がいじめられるのを楽しんでいた人は、自分も鹿川君を自殺するくらい辛い目に合わせてしまった、とげっそりやせるくらい悩んだそうです。

〈展開４〉女の子がどうして葬式ごっこに参加しなかったのか気づく

▷じつは、鹿川君が亡くなって８年後に、この悲しい事件について同級生が色々と話をしてくれたのです。22歳になった時です。みんなからみたらもう大人ですね。
▷鹿川君がいじめられていた時、横で騒いでいた一人がその時話した言葉です。
　「鹿川君が自殺するという、あれだけのことをしてしまったのだから、そのことを忘れて生きるのは、許されないと思う。高校の時もいじめから目を背けちゃいけないと思っていた。弱い人の側に立つ人間でいたいと思う。はやし立てる側ではなくて、はやし立てられる人と本音で話せる人間でいたい。」
▷ある女の子は、こう言っていました。
　「中学生のときは考えが浅くて、シシ君が亡くなったのは、いじめた子たちのせいだ、とか思っていたけれど、私だって同級生なのに、助けるというか、何も出来なかったんだから、私にも責任があるんだ。いまは、そんな風に思えるんです。シシ君の遺書は、デパートかなんかの買い物袋を破って、その裏に書いてあったんですってね。ほかに紙がなかったんでしょうね。それを書いたときの、シシ君の気持ちを考えると、すごく悲しい」
　この女の子は、葬式ごっごの時に色紙に何も書かなかった数少ないクラスメートの一人です。
　　この子はどうして何も書かなかったと思いますか？
▷この女の子は、小学生の頃、自分が無視されたり、靴を隠されたり、文句を言われたり、とても辛いいじめを受けたことがあったそうなのです。だから、鹿川君の気持ちが分かる。だから、自分はいじめに参加しなかったのです。でも、助けられなかったことをとても後悔しているそうです。
▷他には、見ていた人の中に、こう考える人もいました。
　「女の子の間でも、いじめみたいのがあった。弱い子が、たくさんの人たちの間から無視されて辛い目にあっているとき、わたしはその他大勢、みんなと同じようにしようと思った。その方が、いじめを止めるよりも楽だもの。責任を持つのは、なんだか気が重い感じがした。私みたいな人間が、他にもいたかどうかは分からないけれど、辛い目にあっている人を助けようとしない環境が、シシ君を追い込んでいたんだなと思う。私たちは大人になって、たまに同級生同士で会ったりするけれど、シシ君だけは中学生でとまっている。私たちが見た姿は、それだけだもん。私がおばさんになっても、彼は中学生のままなのよね。そのことが、すごく悲しい。」
▷他にも何人か、この鹿川君のことについて話してくれたのだけれど、話をしてくれた人達は、このことをすぐに話しをしてくれたと思う？　実は、最初は

みんなこの事件のことは言いたがらなかったのです。

　なぜなら、人一人が死んでしまっているから。それもね、鹿川君が死んでしまったからではなくて、「自分たちが死なせてしまった。」と思っているからなんです。

　同じ学校、同じ地域で育った彼が、死んだ。守ってやれなかったし、何も出来なかった。自分が知らないだけでなく、実は一緒にいじめていたのかもしれない、と感じているのです。

　だから、辛いけれど話す、そして本という形でみんなに伝えたい。こんないじめで人が死んでしまうような事件を繰り返したくない。それがすごく大きい。と話をしています。

〈まとめ〉教師のまとめを聞き、自分はこれからどう行動すればよいか考える
▷「いじめ」のきっかけは本当にささいなものです。軽はずみな意地悪な言葉、例えば「ばか」「臭い」「うざい」など。こんな言葉はみんなの周りでも聞いたことがあるよね？「死ね」とかるはずみで言った人も多いと思います。

　でも、こんな小さな意地悪の段階で周りの人が気付いて止めないと、どんどん悪くなってしまうのです。手を出したり、靴を隠したり、クラス全員で無視をしたり。いじめられている子が学校に行きたくなくなるような行動、まさに「生きジゴク」のようなことに、やっている本人が気づかないままひどいことをやってしまう可能性があるのです。

▷しかし、周りにいる人達が困っている人や悩んでいる人がいる時にすぐに手を差し伸べてあげることができたら、鹿川君はこんな悲しい運命を辿らなくても良かったと思います。もし、鹿川君が生きていたら４０歳。もしかしたら、みなさんと同じぐらいのとってもかわいい子どもがいる幸せな人生を送れたかもしれませんね。

▷もし、鹿川君みたいにクラスの中に小さないじめや、嫌がらせが起こった時に皆さんだったらどんな行動を取ったらいいのかな？

▷もし自分だったら、小さないじめがクラスの中で起こった時にはどんな行動をするか書いて下さい。

▷終わった人は、ワークシートの裏に授業の感想を書いて下さい。

●評価
　「いじめ」が起こったときに、周りにいる自分達がどのように行動すればよいかについて考えることができたか。（ワークシート）

☆ 5年　組　　番　　名前〔　　　　　　　　　　　　　　〕

1．どんな色紙だと思いますか？

①
　　　　　　　　　　　　　　　　　　　　　　　　　　の色紙

②
　　　　　　　　　　　　　　　　　　　　　　　　　　の色紙

③
　　　　　　　　　　　　　　　　　　　　　　　　　　の色紙

2．鹿川君はどう感じたと思いますか？

3．周りの人たちは鹿川君の行動をどう思ったと考えますか？（裏に記入）

☆5年　組　　　番　　　名前〔　　　　　　　　　　　〕

> 家の人、そして友達へ
> 　突然姿を消して、申し訳ありません
> （原因について）くわしいことについては、AとかBとかにきけばわかると思う
> 俺だってまだ死にたくない。だけどこのままじゃ「生きジゴク」になっちゃうよ、
> ただ、俺が死んだからって他のヤツが犠牲になったんじゃいみないじゃんか、
> だから、君達もバカな事をするのはやめてくれ、最後のお願いだ。
> 　　　　　　　　　　　　　　　　　　　昭和六十一年二月一日
> 　　　　　　　　　　　　　　　　　　　　　　　　鹿川裕史

１．鹿川君は、この時何をやっていたと思いますか？

①

②

２．8年たって、クラスメートは鹿川君のことをどう思っていると思いますか？

３．自分だったらどのような行動をすると思いますか？（裏に記入）

≪板書例≫

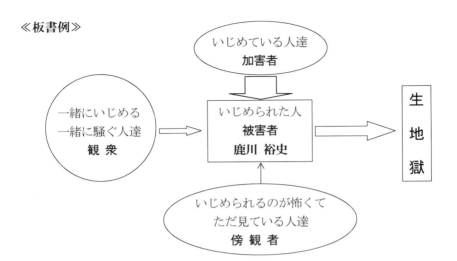

≪子どもの感想から≫

① 何が「使える人がいなくなった」だよ。そういうお前がいなくなればよかったんだ。私はそう思いました。そう言っちゃだめだと思っているのに、のどのおくから口へと、そのことばが聞こえてきました。どんなに苦しんでなくなっていったかを考えてほしいです。

② もし自分がいじめられたとしたら、それが鹿川君や山川君に対するようないじめだったら、私も鹿川君と同じように転校するか自殺すると思います。これから私たちのクラスでこんなことがあったら止めたいです。

③ ぼくのクラスでもしこんなことがあったら、ぼくもこわくてなにもできなかったと思います。だけどこの話を聞いて、いじめを見つけたらできるだけ止めようと思います。

④ あんな鹿川君みたいにひどいいじめを見たら、止められないと思います。けど、まだ小さいんだったら少しは止められると思います。

（儀間奏子　沖縄県南風原町立翔南小学校）

━━━━◆ポイント◆━━━━

　いきなり自分のクラスの問題について聞いたのでは、本音で発言しにくい子もいる。だが、こうして他の事例について考えるのであれば、上記の子どもたちのように多様な意見を出しやすい。その共有と交流の中でいじめ防止と人権尊重についての認識が深まれば、いざクラスで問題が起きた時・起きそうな場合に生きて働く力となる。この授業は、そうした見通しの中に位置づけられていると私は思う。子どもの感想は、ぜひ通信などで紹介し、相互に共有させたい。

❺ ゴジラと魚肉ソーセージ
―― 平和・社会連帯（小6）――

　たとえば、ある集会が回を重ねるごとに動員力を失っていく傾向にあるとする。それは参加者がしだいに"専門家"に近づき、「その問題に興味はあるが、詳しくは知らない」という一般人がその中に入っていきがたいムードができてしまうからではないか。

　私も、「平和について考える必要がある。しかし、具体的に何をしたらいいのか」という感覚を持っている。そういう授業者だからこそできる素人なりの平和学習があると考え、ビキニ水爆実験の被害を受けた静岡県の一教師として本時の実践を試みた。

◉導入の目玉は「東宝映画：ゴジラ」と「魚肉ソーセージ」

> ◇子どもが「なるほど」「おもしろい」と言ってくれる一つの条件◇
> まるで関係なさそうなものが、実は話を整理していくうちに一つにまとまる。

　東宝映画：『ゴジラ』は、1954（昭和29）年、今から60年も前の作品である。しかし、その後多くの続編やアメリカ映画の「ゴジラ」まで制作されたため、子どもはゴジラの名前に親しみを持っている。

　「魚肉ソーセージ」は、1938（昭和13）年に静岡（旧清水市）の南興食品がマグロを使った魚肉ハムを製造したことが始まりとされる。

　ソーセージといえば、本来の豚肉を原料としたものを思い浮かべる子どもが多い。しかし、魚肉ソーセージは今でもスーパーマーケットに健在である。一見、核兵器とまったく無関係と思えるこの2つの事象をつなぐ。

　その糸となるのは、1954年3月1日の第五福竜丸（静岡県焼津港所属）事件である。何も予備知識を持たない6年生は、いったい何のことと不思議に思う。最初に、その？を引き出すことが授業者のねらいである。

「ゴジラ」が核兵器への怒りを表現した映画でもあることは広く知られるようになった。ゴジラが海底で溶解していく最後の場面の後に、字幕が映し出される。その文章は、平和を求める日本人の良心を表すものといえよう。平和を願うこのような心を、社会科の授業を通して培いたい。

> ①意外性のある資料・作業等を組み合わせて学びを広げ、行事につなげる。
> ②結論を押しつけず、触発と学びあいを通して平和への思いを培う。

　一方、魚肉ソーセージと事件との関わりについてはNHKテレビ・『食卓の王様』からヒントを得た。
　ビキニでの水爆実験で汚染されたマグロは、海洋に投棄されたり地中に埋められたりした。この「原子マグロ」騒動は、当時のマグロの価格を急落させた。国民は、汚染されていないマグロまで食べようとしなくなる。そこで、安くなったマグロを原材料としてソーセージに加工する道が開かれたのであった。
　詳細は、社団法人：日本魚肉ソーセージ協会へ問い合わせて確認した。提供された魚肉ソーセージ年表にはそのことが見事にあらわされている。授業に使うグラフ「日本の魚肉ソーセージの生産量」などは、そこから作成した。

●はじめの授業でのあらわれは？

　ゴジラがその上半身をはじめて見せるのは、調査隊が大戸島で放射能反応を確かめた直後である。5分弱の映画視聴の後、炒めた魚肉ソーセージを味見する。変わった導入を単純に喜ぶ子がいる反面、けげんな顔をする子もいる。それを待っていた。

> ゴジラと魚肉ソーセージは、どんな関係にあるのだろう

　2つのことがかけ離れているためか、この場ではさほど多くの意見が出されるわけではない。そこで、①ゴジラから考える資料（映画ポスターと解説）と②魚肉ソーセージから考える資料（グラフと略年表）とに分かれて相談する。
　教師は、それぞれのグループに交互に入り、支援や助言を行った。
　①何年につくられた映画か。どんなプロットか。その年に、ゴジラにむすびつくようなどんな大事件が起きていたか。
　②主な原料はなんという魚か。いつから作る量が急に増えはじめたか。その年に、原料の魚の値段が下がるようなどんな大事件が起きていたか。

本時の指導過程

過程	予想される児童の活動	教師の支援・評価等 一人一人を生かす工夫
つかむ 見通す	1．「ゴジラ」（昭和29年：東宝映画）の白黒写真とゴジラの初出現シーン（ビデオ）を見る。 ・白黒の写真で怪物の手のようだ。 ・背中のぎざぎざはゴジラにちがいない。 ・最初のゴジラは、恐しい感じがする。 2．魚肉ソーセージ（フライパンで炒めたもの）を食べ、原料は何かを予想する。 ・豚肉や牛肉のソーセージとはちがう味がする。 ・魚のすり身でつくったソーセージだよ。 3．ゴジラと魚肉ソーセージとはどんな関係があるのだろう。	◇ゴジラ映画に詳しい子はK君だけなので、ゴジラの姿を印象深く出会わせる。 ア．『日録20世紀』（講談社）の写真を拡大コピー。マスクをかけて部分を提示し、興味・関心をひく。 イ．映画「ゴジラ」から大戸島に出現する場面を視聴させる。 ・魚肉ソーセージはカセットガスコンロで調理しておく。 ・ソーセージの包みを示し、原材料を教える。 ・「ゴジラと魚肉ソーセージと全く関係がないような気がするけれど何かつながりがあるのか」というつぶやきが出たら発言させ、評価する。
深める	・ゴジラが魚肉ソーセージのコマーシャルをしたことがありますか。（子どもからの質問） ・ゴジラの映画が公開された年と魚肉ソーセージが作られた年と関係がありますか。 ・ゴジラの映画はどういう内容で、何年に公開されたのですか。 ・魚肉ソーセージの生産量はいつごろから増えてきたのですか。 《ゴジラ追究》 ・水爆大怪獣の水爆とは何だ。 ・昭和29年11月3日公開とある。 ・水爆実験への怒り？ 《ソーセージ追究》 ・昭和28〜40年は毎年生産量が増えている。 ・ソーセージの原料はマグロだった。 昭和29年、どこかで水爆という爆弾の実験をだれかがしたらしい。それに対して日本人が抗議しようとゴジラという映画を作ったのだろう。水爆実験とマグロとの関係は何だろう。マグロは高級な魚だからソーセージにするのは変だ。水爆実験でマグロが安くなればソーセージにしてもいいだろう。でも、安くなる理由は何だろう。	・「こんな関係がありそうだ、という予想を立てるために、手がかりになる情報を1人2点まで質問で手に入れます。いつもは、問うのが先生で答えるのが子どもですが、ここでは立場が逆です。」と指示。 〇《ゴジラ追究》派には、ゴジラのポスター（カラーコピーした物）と解説文を資料としてわたす。 《ソーセージ追究》派には、日本魚肉ソーセージ協会から入手した生産量の推移をグラフ化した資料をわたす。 ・ソーセージとマグロとの関係は本時では解決できない課題として意識されればよい。1954年3月のできごとの読みとりから、第五福竜丸がビキニ水爆実験の近くでマグロをとっていたと関係づけた子がいたら高く評価する。
まとめる	4．昭和29（1954）年3月のできごとを読みとる。 ・第五福竜丸・ビキニ水爆実験・焼津港を知る。	

日本の魚肉ソーセージの生産量の変化と魚肉ソーセージ年表

年	生産量
1953年	225
1954年	4,081
1955年	11,978
1956年	26,104
1957年	38,217
1958年	52,978
1959年	69,679
1960年	92,021
1961年	109,754
1962年	124,826
1963年	148,220
1964年	155,587
1965年	156,937

1935（昭和10）年　水産講習所の清水亘教授は、夏マグロを利用してプレスハムのような製品を試作。

1938（昭和13）年　株式会社南興食品が、清水（静岡県）に設立され、マグロを使った魚肉ハムの製造企業を開始。

1940（昭和15）年　南興食品ツナハム製造の企業化に成功し、東京松屋デパートで販売開始。

1943（昭和18）年　南興食品、原料のマグロが手に入りにくくなったため営業中止。

1949（昭和24）年　愛媛県の西南開発工業組合がソーセージのような練製品を開発。

1953（昭和28）年　このころから魚肉ハム・魚肉ソーセージを生産する会社が増える。

1954（昭和29）年　マグロの価格がぐんと落ちる。原料のマグロが安く手に入るようになったので、魚肉ハム・魚肉ソーセージの生産がのびる。魚肉ソーセージ研究会ができる。

1955（昭和30）年　全国魚肉ソーセージ協会ができる。

1960（昭和35）年　社団法人　日本魚肉ソーセージ協会ができる。

1997（平成9）年　魚肉ソーセージの生産量は、約65000トン。昭和33～34年の生産量ぐらいに減っている。

2つの資料をつなぐ鍵は、1954年3月1日のビキニ水爆実験にあった。その目撃情報を日本にいち早く知らせたのが、被災したマグロ漁船・第五福竜丸であった。
　想定したほどの主体的追求までには至らなかったが、「ゴジラが生まれたのも、魚肉ソーセージの生産が増えたのも、水爆実験が関係しているんだね」という発言が出た時はうれしかった。

◉学びをさらに深めるポイントは？
・**水爆の最初の犠牲者・久保山愛吉氏と原爆マグロ**――続いて、第五福竜丸が焼津港に帰ってから、各地で汚染されたマグロが大量投棄されたこと、久保山さんが家族の手厚い看護にもかかわらず亡くなったこと、これらの歴史的事実を資料をもとに学習する。
　その後、『あなたが1954年にいたとしたらどんな行動を起こすか』と問う。子どもは一生懸命考えて発表していた。
・**危険区域の広さは？**――次の時間には、地図作業を通して水爆実験の危険区域の広さを実感させた。
　①広島市の場合、原子爆弾による建物被害は半径約4km（教科書から）
　②第五福竜丸の場合、ビキニ環礁から半径約160km⇒熱海市を中心として、半径160kmの円を地図上に描く。
　③拡大された危険区域の場合、半径約833km⇒熱海市を中心として、半径833kmの円を地図上に描く。
　これらの作業から、原爆との破壊力の違いに驚きの声が上がる。「熱海に落とされていたら、たとえ東京にいても死の灰を浴びることになるかもしれない」ということが理解できた。そこで、再び問う。
　あなたが1954年にいたとしたらどんな行動を起こすか
　前時に「核実験をするなら事前に知らせるべきだ」という意見を出したSさんは、みなの意見をふまえた上でこう考えを変えた。

> 　「仕返しに戦争を」という意見があったけど、何にも解決にならないと思う。
> 　決まりを作り世界の人にぜったいきがいを加えないようにしたい。
> ・きまり1＝核兵器を作らない
> ・きまり2＝核実験をしない
> ・きまり3＝核実験で被害にあった人を差別しない（注：原子マグロを想起している）
> ・きまり4＝魚をとっていい範囲を決める

ここには非核三原則との共通点もうかがえる。前時に「ガツンと抗議する」と言っていたAくんも考えを変える。Sさんの意見に共感した上で、単独行動では効果が弱いと判断した。

> 　僕が日本の総理大臣なら、世界の国の偉い人を呼んで会議する。そして、世界から核実験をなくす。「日本は核実験をしていない。戦争もしない。みんな同じ人間だから争いはなくそう」と呼びかける。

　この考えは原水爆禁止世界大会の開催に通じるものがある。また、Kさんは、前には「アメリカの責任者に放射能まみれのマグロを食べさせてやれ」と考えていたが、今度は次のようなきまりを作ろうと提案する。
　それは、「200カイリのように、日本に被害がおよばないはんいを決める。よその国も同じように水爆実験の被害がおよばないはんいを決める。そうすれば、核実験をする場所がなくなるはず」という提案だ。
　これは、世界各地の非核地帯構想につながる考えではないだろうか。発言は決して活発ではないけれど、ノートに書いた意見は資料をしっかりふまえている。今までの学習がここまで生きてくるとは、思いの外うれしい。
　子どもたちは、核兵器のない平和な世界がどうしたら実現できるかを、仕返し・武力行使という次元を超えてそれぞれに考え始めていた。

●第五福竜丸展示館へ出かけよう

　展示館は改装工事中であったが、無理を承知でお願いする。「後始末が残っているが、それでもよければかまわない」と、幸いにも承諾を得ることができた。
　ある子どもは、次のように見学の感想を書いている。

> …「死の灰が人の頭にかかって、人の髪の毛がどんどんなくなってしまいました」という話がありました。…その当時、船には23人の乗組員がいました。その中の一人、久保山愛吉さんは半年後になくなりました。きっと苦しい思いをしたのでしょう。…第五福竜丸は捨てられていました。…でも、そのふねをそのまま捨ててあるのはいやです。…だからこうして展示館にかざってあります。見たりさわったりすることができます。きっとやさしい人たちがやってくれたのでしょう。私は船をさわりながら、この船が捨てられていたなんて―と思いました。第五福竜丸のことは、いつまでも忘れないでいたいです。

　自ら学びあった上での実地調査は、事実と結びついた実感をこのように育て

ていく。では、その核廃絶の実感をどう自国から他の国々の人にまで広げていくか。そのことが「国際的視野に立って、世界の平和と人類の幸福に貢献する」（中学校指導要領 道徳）姿勢を培う基盤となる。

◈失われた楽園・マーシャル諸島に思いを馳せる
　水爆実験の現地・マーシャル諸島の人々の被害状況は、展示館に掲示されていた。しかし、意識して目を通した子はいない。そこで、ビデオを通してロンゲラップ島の人びとの被害を知る時間をとった。
　Ｍくんは、福竜丸と同じ被害者なら同じように誠実に対応すべきだと感想を記した。相手を見て態度を変えるというのは、子どもの最も嫌うところである。
　核廃絶と声高に叫ばなくとも、このような非人間性を冷静な目で分析・批判できたのは本実践の収穫の一つであった。「平和で民主的な国家・社会の形成者」、また未来の主権者としての基礎的資質は、こうした学習の蓄積の上に育つのではないだろうか。
　反省としては、魚肉ソーセージのグラフは、諸文献には見られない資料なので目玉になりうると思った。だが、資料として提示した年表が大人向けの原文のままで、情報量が多すぎた。もっと子どもの興味を引きつける構成上のくふうをすべきかもしれない。
　これらの反省を生かし、いっそう「自らすすんで謎を追究する学習」とするためには、どこをどのようにあらためればよいのだろうか。

（茶田敏明）

◈ポイント◈

① ゴジラと魚肉ソーセージという誰も気づかなかった資料への着眼のすばらしさ
② 地図作業をはさんで「あなたが1954年にいたとしたら」とあえて二度問いかけて、学びあいの中で思考を発展させる指導と評価の一体化
③ 第五福竜丸展示館見学への発展と核廃絶の実感づくり（フィールドワークの取り入れ）
④ マーシャルの人々への視点の広がりと世界平和への想い（平和主義の発展）
　こうした巧みな構成を通じての知的触発と認識の深化こそが、茶田社会科の本領である。
　　誰に対しても差別や不正を許さず、正義の実現に努めようとする心・世界の平和と人類の幸福のために互いの考えを深めあう態度が、実践を通してどう養われていくかに着目したい。

❻ 地域の先輩たちの選択
── 郷土愛を深める（中3）──

　熱海市立初島中学校は、静岡県唯一の離島・初島にある全校生徒6名（05年度）の小さな学校である。へき地・極小規模という環境の下、総合的な学習の時間を「地域から学ぶ」時間と位置づけている。
　島外への高校進学を控えた3年生の2人には、島のあり方と自分の生き方とを関連させて捉えられるようになってほしいとの願いから、次の学習をスタートさせた。

● 「昔」は大変？
　Aさんは「初島の昔の暮らしを調べる」という自己課題を設定し、昭和10年代（1940年前後）に初島で幼少期を過ごしたお年寄りに食事や住居の様子を質問し、まとめる活動を始めた。
　「昔も三食、食べていたんですか？」「お米は食べることができたんですか？」
　Aさんが、「昔の人は食事にも事欠く暮らしをしていた」と思い込んでいることが見てとれた。聞かれたお年寄りも少し面喰っている様子である。
　インタビューから見えてきた「初島の食事」は、畑で育てた野菜に毎日魚が付き、白米やおやつまであるという、Aさんの予想を超えた豪華なものだった。
　しかしAさんは、「昔は大変だった」というイメージにこだわる。ある日の学習記録に、彼女はこう書いている。
　「初島は海が近いので、魚は毎日食べていたと分かりました。でも、米は配給なので、やっぱり大変だと思いました」
　食糧の過不足だけに焦点が当てられ、一般の食糧事情と戦時下の配給の話が同列に語られている。そして、それが「大変」の一言で漠然とくくられてしまっている。何とかこの「大変」という固定観念を崩したい。そこで「おいしかった食べ物の話を聞いてみたらどうかな」と投げかけた。

次の時間、Aさんは食にまつわるさまざまな物語を仕入れて戻ってきた。母親が味噌づくりの豆を一日かかって煮るのをずっと見ていたこと、各戸持ち回りでやっていた〈お菓子屋〉でお菓子を買う楽しみ…。Aさんは、〈ものの豊富さ〉や〈便利さ〉以外の価値に触れることができた。
　このことは、住居や子どもの暮らしへのインタビューの仕方にも生かされていった。取材メモは、断片的な事実の羅列から、島のお年寄りたちの語るエピソードの集積になっていく。
　Aさんはその後、学習の成果を当時の子どもの「日記」の形にしてまとめた。お年寄りとの会話の中から生活の喜びを感じたAさんの変化が読み取れる。
　「（前略）ぼくは二銭のもちがし二つとでっかいあめ玉を買いました。おかしはたまにしか変えないから大切に食べるようにしなきゃね！」

●大切な畑は、なぜなくなったか
　B君は、6月の校内発表会でこのように話した。
　「昔は、初島のジャガイモは品評会でも日本一を取るくらいおいしくて、当該にも出荷していたそうです。しかし、畑が減ってしまったので今は出荷していません。少し残念です」
　B君がつかんだ畑の減少という事実から、さらに「なぜ畑が減ったのか」という疑問を引き出したいと考えた。そこで、「初島の農地のことを調べてまとめた人がいるよ」と『初島の経済地理に関する研究』（内田寛一著　1934年　中興館）のコピーを渡した。
　B君は、資料をもとに江戸時代以降の農地面積の推移を表にまとめていった。そして、苦手の単位換算を繰り返した末、「今の農地は江戸時代の約七分の一だ」という事実をつかみ、現在は観光施設やホテルが建っている土地がもともと農地だったことも地図から読みとることができた。
　B君は苦心してまとめた表を眺めながら、「どうして畑つぶしてまでホテルなんか建てたんですかね」とつぶやく。思わず身を乗り出して聞いてみると、「だって、せっかく日本一なのに、ジャガイモやめちゃうのはもったいないじゃないですか」と続ける。
　そこで、ホテル誘致時に区の委員を務めていたMさんに経緯を聞くように勧めた。
　Mさんは、ホテル誘致のきっかけとなった、島が当時抱えていた二つの問題（観光客の減少と、連作による畑の疲弊）から詳しく話してくださった。特に、

若者の島離れによる後継者不足が深刻な問題になっていたという話には、進学を控え、将来のことを考え始めたＢ君の心に響くものがあったようだった。

Ｍさんも「Ｂ君みたいな若い人たちにいちばん知ってほしいんだよ」と、熱をこめて話してくださった。

数回にわたるインタビューによってつかんだ、外部の資本と共存していく道を選んだ島の人たちの決断を、Ｂ君はこのようにまとめた。

「島の人も、初島での生活を続けていきたいと思ったから、ホテルができたのだと思います。…ホテルは島に対する思いの結晶なんだと思えてきました」

●「十五歳の初島論」

Ａさんは、「今は昔とまるっきり変わっちゃったからねえ」というあるおばあさんの一言から、「お年寄りは、昔と今、どちらが住みやすいと感じているのか」という疑問を持って聞き取り調査を続けていった。

調査から見えてきたのは、「今は人のつながりが薄くなってきている」というお年寄りの思いだった。それはＡさんの感じていた「初島の人はみんなが仲良く暮らしている」という印象とは異なるものだった。

Ｂ君は、観光開発にかけるＭさんたちの思いを受け止めながらも、２年前の総合的な学習の時間で学んだ、島の環境問題のことを思い出していた。

「このまま観光を続けていけば、ゴミも増えて、島の美しさがどんどんなくなっていってしまうのではないか」

しかし、今の初島から〈観光〉をとってしまったら…将来島に戻ってきたいと強く願うＢ君は、徐々に初島の将来と自分の将来とを重ね合わせるようになってきていた。このような２学期の学習を経て、２人が徐々に今日の初島に目を向けるようになってきていることを感じた。

そこで、３学期に学習のまとめに入る際、「今まで学んできたことをもとに、現在や未来の初島について考えられるような活動にしてほしい」と投げかけ、自分の考えを『十五歳の初島論』として作文にまとめ、さらに授業参観日の「ミニ授業」を通して地域の人にも考えてもらおうと投げかけた。

●生徒による授業をもとに全員が討論

Ａさんの「授業」――はじめにＡさんは黒板にこう書いた。〈おしまいなさい〉

「これは、初島で使われていた言葉です。どういう意味でしょうか？」

B君はもちろん、参観の保護者にも分からない。Aさんは、これは「夕方のあいさつ」だと説明し、そこから「島全体が一つの家族だった」という昔の暮らしの話に入っていった。イサキ追い込み漁などの協力体制、働き手のいる家への利益配分について話をすすめていく。
　「しかし、今ではイサキ追い込み漁はやっていません。それは、茶店や民宿など、それぞれの家でやる仕事が多くなって、共同での仕事に割ける時間が減っていったからです」
　インタビューで聞いたお年寄りの思いに触れたAさんの授業は、さらに「これからの初島に必要はことは何か」を考えてもらう活動へと進んでいった。
　参観に訪れたAさんの姉が「初島の人はちょっと遠慮っぽくて恥ずかしがりなところがある。もっと話し合うべき」と発言すれば、B君の父親は「あれこれ話さなくとも通じる良さがある」と、大人から見た人間関係の機微に触れる。
　B君の「今も続いている祭典の準備や海老刺し網など、共同でやっていることを大切にしていきたい。共同でできることを少し復活させてもいいのでは？」という発言に対しても、Aさんの母親から「若い人が減って一軒ごとの役がきつくなっている。現状でせいいっぱい」との現実を話してもらうことができた。
　最後に、授業者のAさんは「島の中を固めていくのもいいけれど、もっと外の人と交流して、開かれた島にしていくのも大切なことだと思います。わたしは将来、島の外で暮らすかもしれない。その時に、戻ってきた人や訪れた人を、温かく迎える島になってほしい」とまとめた。

◉島へのまなざしの深まり
　中一の頃、B君は島内のホテルについて、こう話していた。
「ホテルが来て、お客さんが取られてしまった」
　港からの行列がホテル直行のバスに吸い込まれていく様子を幼いころからずっと見ていたB君には、確かにそう見えた。しかしホテルは勝手に「来た」のではなかった。ホテルの誘致は、初島が観光の島として歩むこと、外部との共存共栄でやっていくことを選び取った結果である。
　一年間の学習を通してそのことを学び、B君の心の中には、初島に対する新しい誇りが生まれた。さらに、それをそのまま肯定するのではなく、現在の環境問題とつなげてとらえなおしたことで、次代の初島を背負うものとしての当事者的な目が育ってきた。

いつの間にか変わっていくのでも、「誰か」が決めるのでもない。自分たちが選び取っていく。島の先輩方とのたくさんの関わりを通して、Aさん、B君は、それぞれのやり方で、初島との関わり方を模索し始めている。

（八田 史（つかさ）　元静岡県熱海市立初島中学校）

◉ポイント◉

　生まれ育った地域への愛情を育むとはどういうことか。小学校はもちろん、中学1年から3年までさまざまな角度から地域の学習を積み重ね、自ら地域の人に問いかけ、未来の地域の主体者として問題意識を発展させて思いを「育む」ことに他ならない。

　島の人たちがなぜこの道を選んだのか。そこにどういう判断が働いたのか。その中で、島は昔からどう変わったのか。島は今どのようになっているのか。そこにはどんな成果とともにどんな未来への課題があるのか。

　15歳の2人は調査を通して突き当たったそれらの問題と格闘しながら、「次代の初島を背負うものとしての当事者的な目」（実践者による）をそれぞれに育てていく。他を排除して自らの行いを盲信するのでもなく、問題をあげつらって全否定するのでもない、主権者としての地域への眼差しの深まりがそこにある。

　「初島の将来と自分の将来とを重ね合わせる」豊かな地域愛がどのように育まれていくか、その過程をあらためてこの実践から学びとり、一般化してはどうだろうか。

❼ 無人スタンドから消えたきゅうり

── 公共心・公徳心（中３）──

◉そういえば身近にも…

　中心資料となる「消えたきゅうり」の話は、道徳副読本『道しるべ』（正進社刊）の中にある。ここで筆者である生徒は、「わずか100円ぽっち」を持たされて、街道筋の畑の無人スタンドにきゅうりを買いに行かされる。

　はじめはそのお使いに不満を持っていたが、きゅうりの新鮮さと人の善意を信じる無人販売に愛着を感じるようになる。ところがある日、そのスタンドからきゅうりはもちろん販売代金も消えている。なぜ？

　「代金入れに鍵をかけようか」と悩んで思いとどまる売り主のおばさんの態度から、公共心・公徳心について筆者である一中学生とともに考えるのがこの資料の主題であった。

　生徒がくらす伊豆・伊東からは、はるかに遠い長野県での話である。その「他人事」を身近に引きよせなければ、中３の生徒が本音で話しあうはずがない。

　ならば、どうするか。思い悩むうちに、実践者の春日英樹さんは自分たちの地域に点在する野菜無人スタンドのことを思い出した。

　すぐに写真撮影とインタビュー。すると…

　「夕方に車がとまって、中から若い男が３人飛び出て来て野菜を持っていかれたり…東京のナンバーの車だったな…くやしかったね」

　やはり、品物や代金がなくなっていた。「長野」の事例は絵空事ではなく、身近な地域とつながっていた。

　それでも無人売店を続ける理由を聞くと、遠くから来て「おいしい」と言ってくれる人たちとの交流があってやめられないと販売店主は笑顔で語る。

　ならば、その事実（地域資料）を中心資料（教科書資料）とどうむすびつけて、「公共心・公徳心」の道徳授業を生徒の心に届くよう構成するか。春日さんは次のように考えた。

◎副読本・地域資料「サンドイッチ」の道徳授業を！

〔中心資料へつなぐ〕―― これが地域資料活用の第一のねらいだ。導入で自地域の無人売店の写真を見せると、「どこかでみたことがあるぞ」「知ってる。野菜を売っているんだ」と反応がある。

さらに、実物のきゅうり一袋を提示。その価格を当てさせた。こうして、生徒は架空のお話ではなく事実の問題として無人売店を受け止める。

『このことに関連した「消えたきゅうり」という話を読みます』――〈えっ、どんな話だろう？〉写真と実物から関心を高めた生徒は、すすんで中心資料に目をやる。この時、身近な問題から生まれる意識は道徳教材と融合し、地域資料は副読本の中心資料に「つながった」のであった。

この後、春日さんは次のように授業を展開する。

| 2度目のお使いから、筆者の考えが変わったことはないか。それはなぜか。 |
| きゅうりと代金が消えていた。自分がおばさんの立場だったらどうするか。 |
| 「何かが欠けている」とはどういうことか |

　　＜行為の背景にある道徳観のゆがみをとらえ、深めあう＞

| 無人売店で代金や野菜をとっていった人たちをどう思うか。 |

　　＜生きる力につながるモラルの形成＞

ふつうであれば、この後に感想を出させ教師がまとめの説話をして授業は終了だ。だが、ここで春日さんはもう一つの地域資料＝先ほどの無人販売店主の談話を提示し、そこに教師の説話をつなげ感想を出させて授業をまとめた。

≪伊東市・池地区で農業を営む無人販売店主　安立正道さんの話≫

――いつごろから？

池地区で農業をして、もう何十年になります。無人売店ですか。それもずいぶん前から始めました。最初は今とは違う場所でやってたのですが、いろいろあっていまのばしょでやらせていただいています。

――つらかったことはありませんか

お店の野菜がなくなることがあって…1円玉ばかり入っていたり、野菜の無くなった量の半分しかお金がなかったり、夕方に車がとまって、中から若い男が3人飛び出て来て野菜を持っていかれたり…東京のナンバーの車だったな…くやしかったね。（先述）

――それでも続けていらっしゃるのは？

地元のお客さんたちが「おいしい」って言ってくれて…最近は離れたところから買いに来てくれる人たちもいて…その声を聞くと、「ああ、やめられないなあ」って思うんですよ。
　——お店の誇りですよね
　誇りなんてことはないけど、お客さんが喜んでくださるのがうれしくってね。野菜も地元の無農薬にこだわっているんですよ。手間はかかるけど近所の人も手伝ってくれるしね。
　こだわると季節によっては、品薄になってしまうことがあって・・・でもそんな時は、知り合いの農家がいるから、中伊豆まで仕入れに行くこともあったんですよ。これからも、元気な限り野菜を作っていきたいですよ。

　この安立さんの思いが分かっていれば、無人売店から黙って野菜を持ち去る人はいないだろう。「理解」は「態度」につながる。公共心・公徳心の欠如は、その意味で「相手が見えていない」ことから起きるのである。
　こうして地域資料からモノの背後にある人の思いに気づくことで、生徒は副読本資料「消えたきゅうり」の問題を自分事として受け止める。
　公共心・公徳心の大切さを生徒が理解し、暖かい市民社会を築く力を身につけていくには、地域資料と副読本資料をつなぐこのような道徳授業が必要ではないだろうか。

◉授業プラン
＜主題名＞
　「消えたきゅうり　指導内容　4－③　公共心・公徳心」
＜主題のねらい＞
　より良い社会集団をつくりあげることをめざし、社会連帯の自覚と公徳心をもって行動しようとする気持ちを育てる。
＜本時のねらい＞
　自己本位で自分の利益のみを追求してしまいがちな、また公共の福祉、マナーに対して無頓着になりがちな生徒が、作品を読み、自分の意見をまとめ、他者の意見を聞いていくことで、人間の善意とそれをふみにじるものがいる人間社会の姿を見つめ、正義を愛し不正を憎む心情が育つことを期待したい。
　公共心・公徳心が育つことで、学校や社会が成り立つことを理解した生徒が、積極的に社会参加するようになることを願っている。

＜本時の構想＞

　まず、市内に点在する「野菜の無人販売」の写真を見せる。また、実際にきゅうり一袋を用意し、値段を問う。生徒の関心を高めると同時に、本時の内容についての意識づけをしたい。

　続いて作品を読む。筆者は２度目のおつかいから考え方が変わってくるが、それはなぜかと問う。食料を生産することの大切さや「百円の価値」を教えることから人間の持つ善意に目を向けさせたい。

　作品の中盤以降で、無人売店からきゅうりと代金が消えてしまう。生徒には前半部分のみを渡し、店のおばさんはこの後どうするかを予想させる。おそらく、見張りを置くとか、店をやめるという意見が出されるであろう。

　人としての善意に徹するというおばさんの考え方にふれることで、生徒の道徳観・価値観を揺さぶりたい。さらに、４人程度のグループをつくらせ、きゅうりや代金を盗った人に欠けていたものは何か意見を交換させる。他の人の意見を聞き、関わりあいを通して、正義を重んじる心やマナーを守ることで社会秩序が保たれることに気づかせたい。

　それを受けての教師の説話と、市内で無人販売を行う農家の人の声を紹介することで、このことが自分たちにとっても身近な問題であることに気づかせたい。

　最後に、ワークシートに今日の道徳授業の感想を記入して学習を終わる。

（実践・春日英樹　静岡県伊東市立南中学校）

指導の過程

教師の働きかけと予想される生徒の表れ	支援および評価
○このお店はどんな店でしょうか。またこのきゅうりはいくらでしょうか。	＊無人売店の写真および、実際のきゅうりを見せて問いかけたい。
・どこかで見たことあるぞ。　・野菜の無人販売だ。 ・きゅうり一袋でいくらだろう？　・200円ぐらいかな？	
○今から「消えたきゅうり」というお話を読みます。	
○2度目のお使いから、筆者の考え方が変わったことはないでしょうか。それはなぜでしょうか。	＊人間の善意に目を向けさせたい。
・食料を生産し、それを味わうという人間の営みに気づき、この重大さが分かりかけた。 ・お使いがたった百円ぽっちと思っていたが、おばさんと話をすることによって百円の重さに気づいた。	
○きゅうりと代金が消えてしまいました。そこでこの後、自分がおばさんの立場だったら、どうしますか。	＊作品の後半を最初の時点では提示せず、生徒に考えさせる。
・無人販売ではなく、店に人をおくようにする。 ・店そのものをやめる。　・監視カメラを設置する。	
◎「何かが欠けている」とはどういうことなのでしょうか。	＊意見が出たら、後半を配布し、読ませる。
・<u>人と人との（暗黙の）約束を守ることができないのか、という怒り。</u> ・<u>無人販売に対し、「善」で応えるのがあたりまえなのに、それがふみにじられた。相手を思いやる心が欠けている。</u> ・<u>最低のマナーの不足</u>　・<u>助け合いや感謝の気もちが欠けている。</u> ・<u>たとえ無人であっても品物の代金は支払うという当たり前の行為がない。</u>	＊自分の意見を考えた後、4人ほどのグループになって意見を交換しあう。
○「何かが欠けている」と思われる、無人売店で代金や野菜をとっていった人たちのことをどう思いますか。	
・ひどいことをする。　・おばさんの気持ちがわからないのかな。 ・自分は絶対に人に迷惑をかけるようなことはしないようにしよう。 ・世の中のマナーや常識は守らないといけないな。	**評価**　質問にたいして自分の意見を考え、他者と意見を交わすことができたか。
○教師の説話を聞く。伊東の農家の人の声を紹介	
○今日の道徳の授業を受けてみての感想を書きましょう。	

〈付〉
発言を活性化させるために
―「この先生は面白い‼」―

● 1時間目の授業開き

「消えたきゅうり」では、中学3年の生徒たちが活発に発言したという。春日さんは、そういう教室の雰囲気を日々の教科授業の中でつくりだしていく。そうでなければ、道徳の授業だけ発言が活発になるはずがない。

では、どうやって活発に発言できる状況をつくるのか。春日さんは、年度当初の授業開きから次のような取り組みを行った。

はじめに、教科担任、つまり自分の自己紹介で笑わせる（ここは個性的な一発芸で）。笑った生徒のうち、目が合った者（というか、元気そうな生徒にこちらから合わせる）に、『よくも笑ったなあ。じゃあ、今度は君が一発芸で自己紹介をしなさい。さあ』とやる。（教室ざわめく）

『…と思ったけど、かわいそうだから無し。代わりにこのアンケートに答えて下さい』（生徒たち落ち着く）

1　得意な教科・好きな教科を教えてください。（好きな理由）
2　苦手な教科・嫌いな教科を教えてください（嫌いな理由）
3　社会科は好きですか。
　ア 歴史も地理も好き　イ 地理は好き　ウ 歴史は好き　エ ふつう　オ 嫌い
4　趣味・特技を教えてください。
5　将来どんな職業に就きたいですか？
6　将来行ってみたい国を教えてください。
7　その他、先生への質問や知っておいてほしいことなど（秘密は守ります）

1・2・3は社会科の意識調査で4・5はダミー。本命は6と7である。ここまで気持ちをほぐしておけば、1年生は本音を書く。回収して終了。次時までに回答をチェックして生徒理解を深めておきたい。

● 2時間目

実質的な最初の授業。扱うテーマは「世界の国々」の1―知っている国の名前

を出しあおう―である。教師用指導書には『新婚旅行に行きたい国を聞く』とある。

よい発問だが、教師と生徒の間の「場の空気」が温まっていないと「すべる」恐れがある。（人間関係が成立していないと、生徒の照れから発言しにくい）そこで、アンケートを利用して場を温めることとする。

『前回のアンケートでの質問に答えたいと思います。時間の関係で、多数あったものに答えます。まず〈学校にお化けは出ますか〉』（生徒笑う）『実は…出ません。音楽室のベートーベンが泣いたりしません…時々へたくそなピアノが聞こえてきますが』（生徒爆笑）

『トイレの花子さんもいません。時々、何か流してないことはありますが…』（生徒大爆笑）

『次に、これが一番多かったのですが、〈先生って独身ですか〉―（生徒興味津々）。えー、残念ながら独身です。どこかに良い人いないですかね。ふう』（何人か大笑い。他は遠慮がちに笑う）

大笑いした者に、『笑ったな。じゃあ、君は将来どうなんだ？』とふる。「僕は一生独身です」『言ったな。じゃあ、将来結婚したのが分かったら押しかけるぞ。なんだかんだ言っても、将来結婚する人は多いんだぞ』

『ところで、結婚式の後にすることって何？』―答えとしては、①ケーキを切る・②離婚する・③…Hなことをするなどが出てくる。どれも爆笑。教師は流れに乗ってつっこみを入れるだけである。

ここまで来ると生徒も十分乗っているので、『正解は新婚旅行。みんなは世界のどこに相手を連れて行きたい？』という発問にすんなりと答えてくれる。これが、「場の空気が温まった」ということだ。

ハワイ・フランス・火星などを①国名・②地名・③その他に分類する。『では、世界はどうなっているのかな？』ここで天動説の頃の世界地図を板書すると、これにも大爆笑だ。コロンブスの卵の話などを知っている者もいる。続いて本当の世界地図と対比させると強い関心を示す。そこで、出された国名を地図帳で探し、あてはめる。もう、どの生徒ものりのりだ。

こうして笑い声の中で授業がすすむと、生徒は次の時間が楽しみになる。気軽に発言するようにもなり、後がやりやすい。担任に聞くと、「社会科が面白い」「小学校では嫌いだったけど好きになってきた」「関係ない話が、いつの間にかちゃんと授業になっていた」などの感想があったそうだ。

以上は経験２、３年目の実践であるが、このような経験を重ねた末、現在では事前の構想なしに、自然に場を温めることができるようになったという。

◆●ポイント●◆

　〈春日劇場〉での笑いは実は計算されていた。〈教師が問う⇒生徒がそのねらいに即した考えや正答を発表〉という「本道」以外に、軽妙なやり取りの「交流」ルートを生徒との間に築いていく。だから、勉強ができなくともどこかで参加できる。

　①この先生は面白い。僕たちを分かってくれて、ぽんぽん言い合える。②この先生は安心できる。私たちを楽しませる中で、ちゃんと授業してくれる⇒だから社会科は好き。

　この①②が、生徒の正直な気持ちではないだろうか。その結果、発問に敏感に反応する素地が培われ、以後の発言の活性化につながる。
　「笑いをとる」ねらいの一つは、誰もが思ったことを発言できる土壌づくりと、そのことを通しての生徒の相互交流にあった。生徒が発言する道徳の授業は、教科におけるこうした発言活性化の努力の上に実現する。
　誰もが本音を語り合う道徳授業は、教科学習と学級づくりの２つの柱を支えにつくられることを確認しておきたい。

第3章
心に響く絵本と映像を教材に

❶ 『わたしの物語』
—— 絵本と絵本づくりで、いのちの尊厳にふれる（小２）——

◉はじめに

　２年生の生活科は理科的分野からスタートさせる。春から秋にかけて、生き物に触れ観察したり栽培・飼育したりする学習活動を行う。それは断続的に冬、春まで続き、動物なら誕生・産卵・死まで。植物なら発芽や芽吹き・葉や茎や花の成長・種の落下や飛散まで。いのちのサイクルをとらえる学習として組みたててきた。

　年間の最後に位置する「わたしの物語」は社会科的分野である。それは初めて時系列で物事をとらえ始める子どもたちに、自分の生い立ちを自分史として綴らせる学習だ。人間も親から子へいのちのバトンをつないでいくことは、他の生き物と同じという観点からは理科的分野と重なる。また、いのちの尊厳を学ぶという点では道徳的でもある。

　そこで私は、「わたしの物語」を地球上のいのち全体の中でとらえる視点をもって構想し、いのちの尊厳に触れる学習にしたいと考えた。

　光村図書の教科書では、「わたしの物語」は自分が成長するに当たってどんな人とのふれあいがあって、今何ができるようになったかを簡単な絵カードで説明する活動が紹介されている。それは複雑化する家族のありように対しての、配慮の結果であると思う。

　しかし、「自分がどうして生まれてきたのか」「誰とつながったいのちなのか」を知ることは子どもの自然な要求である。いわゆる「性教育」の内容を含んだ学習は生活科だからこそできるものだ。子どもたちの知りたい要求に正面から応えることができる学習である。

　また、「わたしの物語」にだけ限定せず、「いのちの学習」として大きな視野から取り組むことで、自分のいのちは自分一人だけのものではないと、いのちの重みをより強く感じることができるのではないかと思うのである。

◉「いのちの学習」のプログラムと子どもたちのとらえ

（１）いのちに関する指導の構成

自然編	人間編		
動植物の観察・栽培・飼育	性教育と生い立ち調べ	いのちを守る	いのちのつながり
中庭の草花、木、生き物の観察（1年間）			
畑や一鉢の野菜栽培と収穫			
生き物の飼育		PTAによる講演会で、津波被災の体験談を全校児童で聞く	
種遊び（飛ぶ種の模型で遊ぶ）			
虫と草花の一生をまとめる	2 人間のはじまりもたまごだった『たまごから生まれた赤ちゃん』（絵本）	3・11で知っていることを話そう（地震・津波・原発事故）	1 『いのちのつながり』（絵本）
	3 赤ちゃん誕生 お母さんの話	10① 放射線からいのちを守る『ここがいえだ』（第5福竜丸の物語絵本）	
	4 育ちゆく赤ちゃん お母さんの話		
冬越しの虫探し	5 自分の小さい頃調べ	10② 災害から身を守る『釜石の奇跡』（DVD）『平成の大津波がやってきた』（絵本・川口亨、伊豆新聞社）	6 「いのちの物語」構成詩発表会
			8 たくさんのいのちを受け継いで生きるわたしたち『いのちのまつり』（絵本）
	7 「わたしの物語」絵本づくり		9 ご先祖調べをしよう
新芽をさがそう	11 おたがいの「わたしの物語」を読み合う感想を交換しよう		

(2)「いのちの学習」人間編

> 1　いのちのつながり
> 　〔指導資料〕絵本『いのちのつながり』福音館書店
> 　〔言葉〕せいしさいぼう　らんしさいぼう　遺伝子　進化

　子どもたちは夏野菜の栽培、中庭の動植物の継続観察や生き物の飼育などを積み重ね、四季折々の自然に触れてきた。生き物の成長と死、そして種や卵でいのちをつないでいる動植物の姿に触れ、個人差はあっても、体験と知識を少しずつ蓄積してきたといえる。

　これらの自然に触れてきた体験を土台にして、2年生にはむずかしい「発生」と「生物進化」をテーマにしたこの絵本をはじめに読み聞かせた。内容は花の受粉・受精・発芽とニワトリの受精・発生・孵化の過程を20コマ以上の絵で表し、「生き物は遺伝子を受け継いでいのちになる」とまず知らせる。次に地球上の生物は海の中で一個の細胞からはじまり、次第に多細胞生物、魚類、爬虫類、恐竜、鳥類、哺乳類へ、最後に人間が生まれたとページをめくるごとに生物進化を描いてゆく。

　だが、絵本はそこで終わらない。宇宙人が出てきて、いのちは時間と空間を越え、遙か彼方の未来の世界にまでつながっていくことを示唆して終わる。「すべてのいのちは遺伝子を受け継ぎ、遺伝子を変化させながら、過去から未来につながっていく」というメッセージが込められている。

　子どもたちの理解力や関心に大きな開きがあるので、これだけで理解できるはずはない。あえてスタートに入れたのは人間も他の動植物も同じいのちであることを、おぼろげではあってもまずつかませたかったからである。

　IPS細胞が大きなニュースになった年であり、バイオ技術が応用される時代に生きる子どもたちなので、2年生でも突飛な内容ではなかろう。

　「うごかない木でも、花でも、人間やどうぶつのように卵やその親ににてうまれるとわかりました。みんなみんなさいぼうでつながれていると、ふしぎに思いました。おなじきょうだいで、よくよくかんがえるといっしょにたすけあっていきていると思いました」

> 2　人間のはじまりもたまごだった
> 　〔指導資料〕絵本『たまごから生まれた赤ちゃん』偕成社
> 　〔言葉〕赤ちゃん虫（らんしさいぼう）
> 　　　　　赤ちゃんたまご（せいしさいぼう）　しきゅう

メルヘンタッチの挿絵で、受精場面が２年生の目にはやさしい。反面、実際のものとは大きく違うので『いのちのつながり』の絵本の科学的な描き方とはミスマッチになってしまった。「赤ちゃん虫は、ほんとは男の子の形じゃないよ。オタマジャクシみたいだよ」などと説明し、精子細胞の顕微鏡写真を見せて補った。他にも良い絵本があるので、目的に応じて選びたい。
　精子細胞がいつの間にかお母さんのおなかに入っていることに不思議を感じる子は当然いる。その疑問は４年生まで心の中にとどめておいてもらおう。

　「ぼくは、赤ちゃんむしがいっぱいいたのが１人だけしか赤ちゃんにならないのは、はじめてしりました」
　「赤ちゃんむしがおとうさんの体の中でぼうけんをしてお母さんの体にうつって赤ちゃんたまごと出あって赤ちゃんになるそうです。でも赤ちゃんたまごと出あえる赤ちゃんむしはたったの一人。でも３つ子だったら３人だそうです。あとの赤ちゃんむしはみんなしんでしまうそうです。赤ちゃんむしと赤ちゃんたまごが出あって60にちほどすると人間の赤ちゃんになるそうです」

3　赤ちゃん誕生
〔指導資料〕受精卵や胎児の成長がわかる写真（受精卵、２分割～
　　　　　　16分割卵、何枚かの胎児）　Ｎくんのお母さんのお話
〔言葉〕細胞が分かれる、体の形ができてくる、胎盤、へそのお、
　　　　つわり（いのちのメッセージ）、赤ちゃんがおなかをける
＊来ていただくお母さんは、赤ちゃんを産んで１年ぐらいの人に
　依頼した。

　お母さんには、赤ちゃんを連れで来てもらった。受精を経て胎児が次第に成長する様子は教師が説明した。お母さんには、赤ちゃんがおなかの中にできてからの体の変化や生まれるときの大変さなどを語って頂いた。女子はとても熱心に聞き、男子も初めて聞く話にびっくりしていた。
　「いのちのつながりで、はじめて知ったこともありました。ぼくのばあいでは、とちゅうで心ぞうが止まってしまいました。みんなはがっかりしたけど、生まれたとき生きていました」
　「妹が生まれる前につわりになって、いちどにいっぱい食べられなくなって、気もちわるいと言っていました」
　「いのちからのメッセージがつわりっていうのは、はじめて知りました。さ

いごはお母さんもがんばるし赤ちゃんもがんばるからすごいと思いました」

> 4　育ちゆく赤ちゃん
> 〔指導資料〕お母さんのお話
> 〔言葉〕目が見えるようになる、まんま・ぶーぶなどのことば、
> 　　　　意味のある言葉、おっぱい、離乳食、お座り、はいはい、
> 　　　　つかまり立ち、歩く）

　Tさんのお母さんが、1歳6ヶ月の赤ちゃんを連れてきてくれた。まさに学びたい内容のモデルが目の前にいた。何もできなかった生まれたての赤ちゃんが、次第に食べることや体を動かすこと、そして話すことができるようになっていくという内容で語って頂いた。女の子たちは興味津々。「だんだん人間になっていくんだね。」と教師がまとめた。一人っ子や末っ子は赤ちゃんが育っていく様子を見る機会が少ないので、興味深く聞いていた。

　「生まれたばかりの時は目が見えないなんて知りませんでした。ねがえりからうつぶせ、うつぶせからおすわり、どんどんいろんなことをおぼえていくと、はっきりわかりました。みんなどんどん人間になっていくんだな」

　「お母さんの中にたいばんがあるなんて知りませんでした。あと、目が見えなかったり、首もぶらぶらでうごけないなんて、ちょっぴりしか知りませんでした。ますます赤ちゃんをうみたくなりました」

> 5　小さい頃調べ
> 　　　　　ワークシート　　　宿題

　ワークシートを用意して調べ学習に取り組ませた。学習の趣旨説明も保護者向けにつけた。子どもたちは家族や親戚、保育園などで小さい頃のエピソードを聞きとっていった。①生まれた頃の自分　②2・3歳の頃　③4・5歳の頃　④年長・1年生の頃での4期に分けた。　それらの聞き取りメモから、参観会「いのちの物語」（構成詩）の第1章を構成した。それぞれのエピソードは「なるほど」と思われるものや「意外だなあ」と感じるものがあり、本人も周りの子どもたちもお互いに楽しい。「いのちの物語」第1章は「4　育ちゆく赤ちゃん」で学んだ内容が、みんなの生い立ちによってもう一度後付けされるように構成した。このメモは、参観会後も「わたしの物語」絵本の本文に生かしていった。

　母子家庭の子や、親がよく覚えていないという子がいたが、離婚が増加して

いる昨今では母子家庭であることをとくに気に病まなかった。親が覚えてなければ、おばあさんや保育園の先生に聞くのも良いと事前に話しておくことで、聞き取りはスムーズに進んだ。

6 「いのちの物語」（構成詩）の練習と発表（参観会）

参観会「いのちの物語」

序　章　いのちのはじまり　（いのちのつながりの学習から）
第1章　育ちゆくいのち　（小さい頃調べから）ハミング「天童」（子守歌）
　　　　　　　　　　　　　　　　　　　　　　　歌「ウンパッパ」
第2章　2年生でできるようになったこと
　　　　　　九九暗唱
　　　　　　表現に変化をつけた歌「こぎつね」
　　　　　　鍵盤ハーモニカ3重奏　「こぐまの2月」
　　　　　　ネコちゃん体そう（カメ、ブリッジなど）
第3章　3・11から学んだこと
　　　　　　宮城県山下第二小学校の校長先生の話「津波」を聞いて
　　　　　　書いた日記の読み上げ（2人）
終　章　未来につなぐいのち
　　　　　　歌「花は咲く」（復興支援ソング・編曲は辻井バージョン）
　　　　　　指揮は担任　伴奏は保護者

　この「いのちの学習」では、「いのちを脅かすもの」として福島の原発事故と津波の被害についても扱ってきた。人ごとではない、県内に浜岡原発をもつ自分たちにも降りかかるかも知れない災害について、その恐ろしさを知り、どうやって身を守るか、2年生なりの関心をもってもらいたかった。どんなにつらく苦しい目に遭っても、人間は生き続けていくことを知ってほしかった。被害を受けた東北の人たちに心を寄せ、自分に何ができるか考えられる子どもに育ってほしかった。
　そんな思いがあり、「いのちの物語」の終章は「花は咲く」の合唱にした。子どもたちはすぐに気に入ってくれた。
　伴奏はせいいちくんのお母さんが引き受けてくれた。その素敵な伴奏に気持ちが膨らみ、子どもたちは心を込めて歌い上げた。

参観会の感想

＜せいいち母＞ せいいちがおなかの中にやってきた時から今日までずっといっしょだったなあと思ってうれしかったです。すてきなさんかんかい、ありがとう。

＜のぶお母＞ みんながいっしょうけんめいに取り組んできたことがすごく伝わってきました。そして楽しそうに歌っていたのがとても印象的でした。

＜あい母＞ とても感動した参観会でした。子どもが生まれた時のことを思い出しました。うちの子もですが、他の子どもたちの成長にびっくりしました。この頃の1年ってすごい！！と感じました。

＜りえこ母＞ 人類の誕生からいのちの大切さまで30分くらいでしょうか。とても心に残る授業だったと思います。10日間でやったとは思えないとても内容のある授業でした。

＜まりこ＞ …「花は咲く」ではとてもきれいなばんそうに合わせてやったので大きな声で東北の人たちに聞こえるように心をこめて歌えました。じしんやつなみもこわかったと思うけど、それにまけずがんばってほしいです。そうすればきっと心の花がさくと思います。わたしはいっしょうけんめいに人に親切にしてむらさき色の花をさかせたいです。

＜てつお＞ …みんなの小さいころのことをいろいろ聞けてよかったです。歌の「花は咲く」ではせいじくんのお母さんのすばらしいばんそうで、いつもいじょうに気もちをこめてうたえました。…

＜けい＞ …さいごに「花は咲く」を歌いました。ぼくは東北のことを考えて歌ったらなきそうでした。でも、さいごはきちんとれいができてよかったです。今日はとてもいいさんかん会だと思いました。

＜もとお＞ …お母さんが、ぼくが小さい時のことを頭に思い浮かべながら、今日の発表を見てくれたそうです。ぼくたちがいっしょうけんめい発表しているすがたを見て、せいちょうしたなあとなみだが出そうだったよと教えてくれました。ぼくはそれを聞いてとてもうれしい気もちになりました。

＜母＞ 2年生最後の参観会、とてもすばらしかったです。なみだをこらえるのに必死でした。

本番、子どもたちはとても緊張していた。きっと、本番より練習の中で繰り返し語られた言葉を楽しんでいたのではないだろうか。どうやって人間が生ま

れるのか、生まれた後友だちはどんな風に育っていったのか、何度語っても聞いても、楽しいものである。練習の中では「いのち」への思いや友だちの生い立ちのエピソードが繰り返し語られた。練習は個々人の「いのちの物語」の交流であるともいえる。

　この発表会は「幼年時代の卒業式」という意味合いがある。6年生の「小学校卒業式」・4年生の「二分の一成人式」に対して、2年生も発達上の節目である。ここを過ぎれば少年期に入るので、この時期に親子で成長の跡をたどる意義は大きい。8年間を振り返ることで親子の絆を確かめる機会になる。それは、自己肯定感を育む場ともなるだろう。

　親や家族の支えの中で大きくなってきた自分をとらえることで、大切にされてきた実感をもつ。そして、年を追うごとにできることが増えてきた自分に自信をもつ。2年生の子どもにとっては、そう感じることが少年期の新たなスタートを切る心の準備にもなると考えた。

　序章の生物進化の歴史や、受精・発生などは内容がむずかしい。しかし、今はよくわからなくても、学習したことが印象に残れば、4・5・6年生の保健や理科の学習で理解の助けになるだろう。

　津波や原発事故も実感はもてないが、学んだことが少しでも心に残っていれば「花は咲く」の曲が聞こえるたびに東北の苦難を想う子になるのではないだろうか。どうやっていのちを守っていくのか主体的に考える子どもに育ってほしいと思う。

7　絵本作り「わたしの物語」

　小さい頃調べの聞きとりメモをもとに、文章を書いたり、写真や絵を挿入してページを構成していく。みんな楽しみながら、書き進めていった。

8　たくさんのいのちを受け継いで生きるわたしたち
〔指導資料〕　　絵本『いのちのまつり』サンマーク出版
〔言葉〕　　　　ご先祖さま

　この絵本は、孫が沖縄のおばあさんの家に遊びに行ったとき、ご先祖さまのことを教わるという趣向で、最後は折りたたまれた大きなページに無数のご先祖さまの絵が描かれている。そのたくさんのご先祖さまの中で一人でも欠けてしまっていたら自分は生まれてこなかったということがわかる。いのちのつながりの中で生まれた自分のいのちは、新たなご先祖さまとなって次のいのちに

つながっていくという壮大な物語だ。無数のご先祖さまの絵は圧巻である。

「いのちは、ずーっとつながってきているんだなあ〜と思いました。お母さんとお父さんは、ごせんぞさまです。いのちが一つでもなくなるとわたしはいなかったかもしれません。だから、一つでもおおくのいのちが生まれるといいなと思いました」

「ぼくのごせんぞさまはいっぱいいるんだな。なのでいのちをたい切にしたいと思います」

9 ご先祖調べをしよう　　　　ワークシートで聞き取りの宿題

　NHKの番組「ファミリーヒストリー」から発想が湧いた。芸能人が自分の親や祖父母、時には曽祖父母が苦難を乗り越え生きてきたことを知り、感涙に浸る姿を何度となく見た。個人を超え、血のつながりと家族の文化の中に自分が連なっていることを知ったとき、今の自分がなぜこの生き方をしているかが見えてくる。ファミリーヒストリーを知ることで、将来の生き方が展望できると思われた。

　私は子どもたちに聞き取り活動をするように提案した。身近なご先祖である親やおじいさんおばあさん、健在ならひいおじいさんひいおばあさんに聞き取りをするようワークシートを用意した。ご先祖がどんなことに興味があって、どんなことが得意で、どんな仕事をしてきたか、そしてどんな苦難を乗り越えてきたかなどを知ることで、自分とのつながりが見えてくるだろうと思った。

　子どもだけではなく、親にも頼んで聞き取りを進めることで家族の新たな伝承になるだろう。また、「いのちのつながり」を実感する機会になるだろうと思った。

〈子どもたちの聞き取りからわかったこと〉
・歌が上手で踊りが好きなゆうこさんのおばあさんは、娘時代に富山から上京し、東京のレコード会社で働きながらよく銀座のダンスホールに行っていたそうだ。でも、親に無理矢理連れ戻されて故郷で結婚したとのこと。
・歴史の本が大好きなりょうたくんは、ご先祖が愛知県の小城主だったという。
・学区で町工場を営むたえ子さんのおじいさんは先代、先々代から木工業を営んでいた。かつては木工の町だった静岡らしい話だ。
・かいとくんの曾祖父は茶農家だったという。いかにも茶どころの静岡らしい話。

・手先が器用で工作好きなはやおくんのおじいさん、ひいおじいさんは、ともに表具師でお母さんも工作が好きだった。
・せいいちくんのひいじいさんは戦争に行き、3隻の兵員輸送船のうちただ一つ撃沈されなかった船に乗っていて生き残った。
・だいごくんのおじいさんは予科練に入って房総へ行ったが、特攻機で飛び立つ前に敗戦になった。
・いつもきちんと考えて文を書くてつやくんのひいおじいさんは、戦前は中国大陸にいて、おじいさんはそこで生まれた。戦争になって、中国人に助けられて日本に帰国できた。戦後おじいさんは新聞記者になった。

　曽祖父母はみな戦争体験者である。学区の空襲について手紙に書いて下さったひいおばあさんもいた。とても熱心に調べてくださった家庭があり、親も初めて知った話が出てきたそうだ。
　子どもたちが聞き取った話は、ご先祖の生き方と自分の性格や志向が関係していることがわかる話が多かった。子どもたちもご先祖とのつながりを感じたことだろう。また、従軍経験のあるひいじいさんをもつ子どもには、もしひいおじいさんが戦争で死んでいたら自分は生まれなかったということが印象深く残った。
　この「ご先祖調べ」は絵本の8ページ目に掲載した。「私は〜が好きな〜の子どもです。」「ぼくは〜が得意だった〜の孫です。」などの書き出しで、自分とご先祖とのつながりを短い作文にまとめさせた。
　この年初めてやった親の回覧ノートには、あるお母さんからご先祖調べについての感想が寄せられた。「義父の昔のことや先祖の話を色々と聞き出せて、少し距離が縮まったなんて一人で嬉しい気持ちになったりしました」
　聞き取り内容を読んだ教師はもちろんのこと、親にとっても多くの驚きがあり、親自身があらためて親子のつながりを感じたり、家族の中での自分の位置をとらえたりする機会になったようだ。核家族で故郷とのつながりが薄い生活をする子どもやその親には、このご先祖調べは新しい心のよりどころになったのではないかと思っている。

「ぼくのごせんそものがたり」

> 10　いのちをまもる①　　放射線からいのちを守る
> 〔指導資料〕絵本『ここがいえだ』
> 　　　　　　　　　アーサー・ビナード文、ベン・シャーン絵
> 〔言葉〕3・1　水爆実験　第五福竜丸　白い灰　目に見えない放射線
> 　　　　放射線による病気で死んでしまう　原発事故も大量の放射線
> 　　　　が出た　海にも空気中にもまき散らされる放射性物質

　この授業は３月１日に行った。絵本を読みながら、「放射線」のおそろしさを伝えた。遺伝子は「いのちのプログラム」だということをあらためて知らせ、放射線がこの遺伝子を壊すので人間の体が壊れてしまうのだと説明した。

　もちろん２年生には難しい。しかし、放射能汚染が止めどなく続いているこの日本に住む者として、放射線がどんなものかを知らずに過ごすでは自分の身を守れないことになる。私も子どもの頃、1960年代の水爆実験で雨の中に放射能があるから雨に当たると髪の毛が抜けると脅かされるように教えられて、放射能は怖いものだと知った。

　いのちが大切だと教える者はいのちを脅かすものについても同時に教えなくてはいけないと思う。今の子どもたちに放射線の危険性を正しく教えるのは教師の責務であると思っている。

　「ほうしゃのうは、人の体をしずかにこわしていきます。アメリカがうったばくだんのせいで海、いろいろなところでほうしゃのうが人の体をこわしていきました」

　「わたしはほうしゃのうがこわいことをはじめてしりました。ほうしゃのうが体に入るだけで体がこわされていくなんでこわいです。『ちきゅうではこんなことがあるんだなあ』とおもいました。すごくこわくなってどうすれば自分のことをまもれるか考えたいです」

> 10　いのちをまもる②　　災害から身を守る
> 〔指導資料〕　DVD『釜石の奇跡』アニメ部分（NHK制作）
> 　　　　　　絵本『平成の大津波がやってきた』（川口亨　伊豆新聞社）
> 〔言葉〕　自然災害の恐ろしさを知る　自分で判断する
> 　　　　　学習したことや約束を思い出す

　DVDは、私が子どもたちによく３・11の話を聞かせているのを知っているお母さんから戴いた。アニメがとてもリアルで、子どもたちには津波の恐ろしさが十分伝わった。大地震が予想されている静岡の子どもも、「自分で判断す

る」大切さは学ぶべき点だ。災害をただ怖がるのではなく、どのようなことが起こるのか知り、対処法を考えることがいのちを守ることに通じる。絵本『平成の大津波がやってきた』は日を変えて読み聞かせた。

「つなみは、すんごくはやくチーターみたいにぴゅ——んと、風のように目にも止まらぬはやさなんだなと思いました」

「わたしは見たときにとりはだがたちそうでした。わたしはそのときこわくなってぜったい『しにたくないなあ』と思いました。いのちは一こしかないし、かぞくにも友だちにもみんなにもあえないからしにたくもありませんと思いました。あとかぞくがしんだらわたしはないちゃうくらいです」

「2年まえに、まっ黒なつなみがありました。しずおかけんにいつかくると思うから、すごくこわいな〜と思いました。自分と家ぞくをまもりたいから、一生けんめいちえをはたらかせて、自分のいのちをまもりたいです」

11　お互いの「わたしの物語」を読み合う
感想のお手紙交換

　3月に入り「わたしの物語」絵本が完成した。表紙には受精卵、赤ちゃん、今の自分を描かせ、裏表紙には自分とご先祖の関係を家系図にして描かせた。8ページ立てで、0〜1歳、2〜3歳、4〜6歳、7歳、親からのメッセージ、8歳の自分とご先祖さまのことを書いたものだ。完成した絵本は1週間ぐらい教室内で展示して、友だちどおしで作品の読み合いをさせた。

　今の姿からは想像できないくらいかわいい赤ちゃん時代の写真を見たり、文を読んだりするのが楽しくて、全員の絵本を読んだ子もいた。感想のお手紙交換は最初は隣同士や班で行った。その後、自由に感想を渡し合った。どの子も一人3通ほどはもらった。

　日頃トラブルが絶えない教室であったが、友だちの成長の跡を知ることで「お互い変わってきているんだな」「みんなだいじに育てられたんだな」「それぞれいいところがあるんだな」とわかり合う空気が流れるのを感じた。感想には友だちへの理解や共感が綴られていた。

「かおさんへ　しゃしんをとるときよくてをあげていたんだね。うさぎの耳もよくなめていたんだね。わたしだったらうさぎのほっぺをかんでいたよ。わたしもきせかえが大すきだよ。ミルクをいっぱいのんでいたんだね。わたしもそうだったよ。」

「けい太さんへ　0才のときにお水であそんでいたなんてびっくりします。

女の子（1才）と言われたなんてそれほど女ににていたの？と思います。しゃしんをみて『これ、けい太くん？』とおもいました。わたしも4才のとき三りんしゃがすきでした。よくわすれものをしておこられたなんて‼ バーベキューで魚をやいて食べたなんていいね。ごせんぞの文がわかりやすいです」

　子どもたちは自分の絵本を大切に持ち帰った。学級便りには「是非おじいさんたちにも読ませてあげてほしい」と書き添えた。本人だけでなく家族の宝にしてほしい絵本だった。
　これで「いのちの学習」は幕を閉じた。2年生の子どもたちにはもっと実感がもてる授業を心がけるべきところを、教師の思いが先行してこのような取り組みになった。難しかったけど、大事なことを学んだと子どもたちが思ってくれることを願う。大きい学年になってから、思い出してくれることを期待するのみである。

●保護者アンケートから

　① いのちの大切さ、尊さを学べたと思います。これから生まれてくる命、自分の命、人の命などは生物や動物すべてのもの、大切にしてほしいなと思います。

　②「赤ちゃん誕生」にとても興味をもちました。「わたしはどこからきたの。」なんて質問されてドキッとしたこともありました。アルバムやビデオを見ていろんな話をしました。

　小さい頃のこと久しぶりに思い出して温かい気もちになりました。最近は怒ってばかりで少し反省しました。ご先祖調べもとてもいい学習だったと思います。「こうして命はつながっていくんだよ　これからもずっと…」つながりということを理解できたのではないでしょうか。

　③ いのちの学習も立派な本に仕上がり大切にします。生命の誕生、自分とのつながり、お友達の「わたしの物語」の読みっこもいいですね。心豊かな人に育ってくれますように。小さな幸せをたくさん見つけられる人になってくれますようにと願い、子育てをしています。

　④ 今まで兄たちの時も「わたしの物語」の絵本作りをしてきましたが、先祖を調べるというのは初めてでした。私も知らなかったことを父から聞くことができ、新しい発見ができました。

　⑤ いのちの学習も初めは少し早いかなあと思いましたが、この位の年齢だからこそまっすぐ入ってくる部分もあるなと気づきました。人は自分一人では

存在しているわけではないということを理解してほしいといつも思っていましたので、とても素晴らしい学習をさせて頂いたなと思っています。

⑥ いのちの学習を通して本人が何を感じ何を思ったのか…いのちの学習自体理解できたのかと思ったりもしますが、この先長い人生を生きていく中で頭の片隅に残っていて2年生のこの時のこの学習を思い出してくれたらいいなと思います。喜び、怒り、哀しみ、楽しみ…すべての始まりであるいのちの重みに気づくのはいつだろう…。そして生活科の学習で2年生のこの時期、この子が何に気づき何に気づくことができなかったのか、どんなことに視点があるのか、しっかり受け止めようと思います。

⑦ 日々妹がいるのでどうしても下の子に目が行ってしまいますが、小さい頃に大切に育てたことを改めて伝えることができて良かったと思います。

⑧ 参観会、感動しました。いつもの参観会とは違う感じになることは心構えておりましたが自分が涙ぐんでしまうなんて〜。私が一番ぐっときたのは「花は咲く」でした。せいいちくんママの生演奏。とても素晴らしくプロの方みたいでした。それと2年2組のみんなの歌声！すごいじょうず！気持ちを込めて一丸となって歌っている子たちの成長に驚きつつ、歌詞の意味を考えつつ聴いていた私は涙ぐんでしまいました。今回の参観会はパパさんの参加がいつもより多かったですよね。

◉最後に

　この学習の目標は以下の4つに集約されると思う。
　① 虫も草花・木もヒトもいのちのつながりの中で生きていることに気づく。
　② 自分の育ちと友だちの育ちを知ることで、誰もが大切な存在であることに気づく。
　③ 自分と血のつながった人たちがたくさんいることを知り、自分がいのちのつながりの中で生きていることに気づく。
　④ 家族や友だちが自分を理解したり、大事に思ってくれたりしていることを感じる。
　真の道徳性を培うこれらの学びが、生きにくい状況の中を生きていく今の子どもたちを支えるだろうと思う。
　親子で幼い頃を振り返った体験が親子の絆を深め、ご先祖調べが家族の絆を感じさせてくれることだろう。自分のいのちは自分だけのものではない、自分を大切に思ってくれる家族や友だちに支えられているという思いが、困難な時

代を生き抜く力のエネルギー源になるだろう。自分と同じように友だちもかけがえのないいのちなのだということを知ることで、自分と友だちの人権を大切にできる人間になれるだろう。そんな願いをもっている。

　だから「いのちの学習」は道徳教育でも人権学習でもあると考える。そして道徳教育は、国家にとって必要な徳目を子どもに刷り込むのではなく、人権を根幹に据えてこそ、子どもたちの生きる力を引き出し、ふくらませていけるだろう。

　　　　　　　　　　　　　　　　　　　　　　　　　　　（増田敦子）

❷ 『ひなどりのえさをさがして』
―― 映像で感動を広げる（小２）――

◎自然のすごさ――感動と畏啓

　低学年の子どもは虫や花・動物が大好きである。休み時間には虫を見つけて歓声をあげる。生活科では花や野菜の種をまき、芽が出てくると素直に喜ぶ。その時期に動物教材を使って感性をゆさぶり、自然のすごさに感動させたい。
　そう考えた照屋保さんは、オオミズナギドリを扱った副読本資料「千キロメートルのたび――ひなどりのえさをさがして」（『みんなでかんがえる どうとく ２年』日本標準）を使って、以下のように授業を展開した。

教師の働きかけと予想される子どもの表れ
・鳥がひなのためにエサを運んでいるところを見たことは？ 　→ある・ない・テレビで見たと盛り上がってきたところで、『オオミズナギドリを知っているか』と問い、その鳥が巣のひなにエサを運ぶ様子を２度くりかえして動画で見せる。（インターネットより） 　集中し、やがてつぶやきが飛び交い、騒然となったところで次のように発問して副読本資料の６行目までを読ませたい。 １　オオミズナギドリとはどんな鳥ですか 　南の海から来る　翼を広げると１ｍくらい　えさはイカや小魚　大きい 　色が白い　ひなの世話をして優しい　　（発言に対応して写真も提示）

　せわしく羽ばたきながら巣のひなにエサを運ぶ親鳥の姿に子どもの目はくぎ付けとなる。こうしてありのままの鳥の生態を見ると、どの子も活発に反応する。新たな知識も、知りたいことも増えて意欲が高まる。
　ここではじめて授業者は資料の一部を読ませ、オオミズナギドリとはどんな鳥かを子ども自身に「発見」させる。動画から見た印象と資料からつかんだ事実をこうして総合させることが、「ことば」だけの道徳授業から脱皮する第一歩である。授業は続いて展開部に入っていく。

> 2 どうしてオオミズナギドリは、千キロメートルも離れたところまで飛んでいくのかな
> 　副読本資料の11行目までを読む。大日本地図を教室前面に掲示し、伊豆諸島から北海道南岸までがおよそ千ｋｍであることを視覚で示す。
> 　子どもはあまりの長さに驚くが、それは「小さな鳥⇔千ｋｍ」という対比から生まれた驚きでもある。そこから、たくさんの予想を発表させたい。
> 　ひなにえさを食べさせたいから　エサがたくさんあるところへ行くため
> 　まっててね。すぐかえってくるから

　エサを取りに行く過程でどんな困難があるか。想像させるとさらにイメージが膨らむ。その上で副読本資料の51ページを読ませると、次のことが分かる。
　子どもの予想や想像が、少しでもそれらにつながっていれば高く評価したい。
・島の周りだけではエサが不足。そこでえさの多い北海道まで２日かけて飛ぶ。
・北海道では１週間エサをとりつづけて帰ってくる。
・ひなは10日間も待っている。
・何日か近くの海でエサをとると、また北海道へ。
・５月から11月までそうやって生活し、ひなが大きくなるとまた南へ帰る。
　このような事実は、鳥に発信器を付け人工衛星で追跡した結果分かったという。オオミズナギドリは潜水が苦手なので、暖流域の伊豆諸島周辺だけでは親子が生きるのに十分なエサが得られない。そこで、エサが豊富な北海道南岸や三陸沖に行くと考えられている。
　こうした鳥の生態を押さえた上で、授業はまとめに向かう。

> 3 千キロメートルも離れたところへひなのエサを探しにいくオオミズナギドリをどう思いますか
> 　えらい　ひなのことを思ってやさしい　そんな大変なことがよくできる　鳥なのにすごい力がある　迷わないで行けるのがふしぎ
> 4 今まで、動物や自然について「すごいなあ」「ふしぎだなあ」「きれいだなあ」と思ったことはありませんか
> 　アサガオがさいた時　さなぎからチョウになった時　犬が子を生んだ時

　3ではオオミズナギドリへ共感・感心した子どもたちにその思いをたくさん発表させる。では、そんなすごい力を持つのはこの鳥だけなのか。そう問い返せば、「ちがう」「他にも知っている」との声が返るだろう。
　ここで大切なのは、すぐに擬人化に走るのではなく、子どもの目をさまざ

な自然の不思議に広げていくことである。『では、他にどんなことを知っているの？』と投げかけながら4の学習にすすみたい。

　いくつかの事例を発表・交流させる中で、「生き物ってえらいなあ」「自然ってすごいなあ」という思いが深まれば、それが低学年なりの「感動と畏啓」につながり豊かな心が育っていく。事実をもとに科学的にものをとらえることはその基盤となっていくのだ。

　オオミズナギドリの動画や大日本地図という「事実資料」を補充することで授業は「ことば主義」から脱し、感動がふくらむ。「ツバメの巣」のように子どもに即した教材開発に努めると同時に、こうした補充のくふうで副読本教材の可能性を広げる姿勢もまた大事にしたい。

　情緒・感情は、知性や科学と関係づけることにより、さらにその質を高めていくのではないだろうか。

　　　　　　　　　　　　（実践・照屋保　沖縄県北中城村立北中城小学校）
　　　　　　　　　　　　＊この実践は琉球大学教育学部付属小学校において、
　　　　　　　　　　　　　教育実習生として行ったものである。

❸
『いのちをいただく』
── いのちのつながりを学びあう（小４）──

◉はじめに──どのように価値観をゆさぶるか

　たくさんの物に囲まれ、美味しい物が溢れる中で育った子ども達。世界の様々な国の食べ物を気軽に食べることができ、食べる物に困るような経験を味わうこともほとんどありません。そのような中、嫌いな物は食べなくても良い、食べ物が余ったら捨てれば良いという考えを持つ子は、今後も増えていくと考えています。普段食べている物が、様々な命ある動物や大切に育てた植物であったという意識は、自然には育ちにくい状況になってきているように感じていました。

　そのため、何もしなければ、感謝して食べ物を頂く意識は生まれにくくなり、今後も自分たちが食べている物が、たくさんの生き物の命とつながっていることには気付かないまま成長していく可能性が高いと捉えています。しかし、子ども達にとってはただの食べ物でも、ある人にとっては家畜を超えた愛情を持って育てた生き物であり、心を慰めてくれる存在になっている動物達もたくさんいます。

　そこで、『いのちをいただく』（内田美智子）という絵本を使って、食べ物の源になっているものに気づかせたいと考えました。自分の育てた物を食べるという体験が乏しい現代の子ども達にとって、この絵本は、これまでの価値観を変えるきっかけになり得るのではないかと思います。また、普段何気なく食べている肉の加工する過程を知ることで、自分達の生活が様々な命あるものを食べ、生かされていることに気づき、生命をあるものを大切にする人に育てていけるのではないかという仮説をたてました。

　もちろん、子ども達の中には、生き物に興味を持ち、昆虫採集や育てることに興味・関心を持つ子も多くいます。しかし、生き物に愛情を持って育てる子もいる一方で、捕まえた昆虫の世話となると長続きせず、生き物を死なせてしまう子達もいます。それは、生き物の命を大切にすることが大事だということ

を知識として持ってはいるものの、自分達の食べている物が、生き物の命につながっているという意識は低いことが影響していると考えました。また、それらが多くの人の手によって育てられ、加工してくれている人がいるということに気づいている子は少ないと考えました。

　そこで、『いのちをいただく』という絵本を通してそういう子どもの価値観を揺さぶり、自分達が食べているものが、様々な命とつながっていることに気づかせ、食べ物に感謝できるようにしたいと思い、この授業を作りました。

◎本時の学習
（1）本時のねらい

　　自分達の生活の中で食べている物が、様々な命とつながっていることに気づくことができる。

（2）授業仮説

　　普段何気なく食べている肉が、様々な人や生き物とつながっていることに気づくことで、普段の食べ物に感謝していただくことができるようになるであろう。

（3）準備

　　絵本『いのちをいただく』（内田美智子　西日本新聞社　2009年）

（4）本時の展開

	学習内容	教師の問いや働きかけ	予想される児童の反応	支援・留意点
導入5分	1. お肉が好きか嫌いなのかを選ばせる。	1. あなたはお肉が好きですか。 ・好きな児童の人数を把握する。 ・好きな理由を挙げさせる。	・ハンバーグが好き。 ・焼き肉やステーキが美味しいから。	・どちらかを選ばせる。
展開32分	・読み聞かせ。	『いのちをいただく』の読み聞かせ。		・子ども達を前に集めて、読み聞かせを行う。

展開 32分	2.坂本さんが仕事をやめようとした理由を考えさせる。	2.坂本さんは、なぜ仕事をやめようと思ったのですか。 ・坂本さんや、坂本さんの息子、牛を育てた女の子の気持ちを考えさせる。 ・辛い気持ちに何度もなりながらも、仕事を続けた意味を考えさせる。	・牛が苦しむのを見たくないから。 ・牛を殺すのを見たくないから。	
	3.「いのちいただく」の意味を考えさせる。	3.「いのちをいただく」とは、どういう意味ですか。 ・毎日の食事の中で、生き物の命を頂いている意味を考えさせる。	・生きている動物を殺して食べること。	
	4.これからの食べ方について考えさせる。	4.これから、どのような気持ちで食べるといいのでしょうか。 ・これまで考えたことをもとに、これからの食べ方を考える。	・食べ物に感謝していただく。	
終末 8分	5.授業を終えての感想を書かせ、発表させる。	・今日の授業で感じたことを、感想の中に書かせ、発表させる。 坂本さんと娘さんのエピソードを話す。	・生き物に感謝して、食べ物を残さないようにする。	・早く終わった子は、感想発表を行う。

◎坂本さんと娘さんとのエピソード　(絵本のあとがき参照)

　坂本さんには息子さんの他に娘さんがいます。娘さんは現在、介護士として働いています。ある日、二人で食事をしていると、「お父さんと私の仕事は似ているね」と言ったそうです。お父さんが「何が似ているもんか、俺の仕事は牛や馬の命をとる仕事だぞ。お前の仕事はお年寄りの世話をす

る大切な仕事やろ。お年寄りは喜んでくれる。でも俺の仕事は喜ばれたりせん」と答えました。そこで娘さんが、「あんね、おとうさん。私は最後に会った人間が私で良かったなあって、お年寄りに思ってもらえるよう、毎日お世話している。お父さんも、牛や馬や豚に最期まで気持ちよく生きてほしいと思っているけん、なでたり話しかけたりするんやろ。最期に会った人間がお父さんでよかったなあって、思ってもらえるようにしとるんやろ？だけん、同じなんよ。」という話をしていたそうです。

　私達が普段何気なく食べている物は、たくさんの方の手によって届けられているのです。これから何か食べる時は、坂本さん達のような人の努力があることを、少しでも考えるようになるといいですね。

◉授業を深めるための終末に話すエピソード

　『いのちをいただく』という絵本には、子ども達に命について考えさせる内容が十分に書かれています。しかし、そこで考えたものをさらに発展させてくれる坂本さんと娘さんとのエピソードも、あとがきの中に書かれているのです。人々の最期を良き思い出として残してあげたい娘さんと、牛や馬や豚の最期を気持ちの良いものにさせたい坂本さんとの会話は、授業の中で命について考えた子ども達にとって、命を別の角度から見る機会になり、道徳性を養うのではないかと思います。

◉実際の授業の様子

　導入の「あなたは、お肉が好きですか。」という質問に対しては、多くの子ども達が「好き」と答えていました。その後、どんなお肉が好き？と聞くと、焼き肉やハンバーグ、とんかつ等、それぞれの好きなお肉をあげました。その楽しい雰囲気のまま、子ども達を近くに集めて絵本『いのちをいただく』の読み聞かせを行いました。

　絵本を読み終わった後、お肉が好きと答えていた子達が、牛を殺す側の坂本さんや、大好きな牛のみいちゃんを売らなければいけない女の子がいる事を知り、先ほどまで楽しかった気持ちが一気にしぼんでしまっているように見えました。

　展開の部分では、牛を殺す仕事をやめたい坂本さんの気持ちや、大切に育て牛を殺したくない女の子の気持ちを想像させ、「いのちをいただく」という意

味について考えてもらいました。それを通して、今まで自分たちが食べていた肉には、命があったということに気づき、これまでの食生活を振り返っているように見えました。もちろん、多くの子がそれまでも牛や豚や鳥が生きていて、加工されて肉になっているという"知識"をもっていました。しかし、それが誰かの手によって育てられ、殺され、加工されて自分達の口に入っているという"意識"はほとんどありませんでした。そのため、絵本を通して食べている源について考えられたように感じました。

授業を終えての感想を、次のように綴る女の子がいました。

> 授業の感想
> 　これからは、食べ物に感しゃして、食べ物をのこしたりしないようにしたいです。あと、動物のいのちをいただいていることをわすれないで、感しゃして食べるようにしたいです。

この女の子は、給食を残すことが多く、「嫌いだから食べたくないし、美味しくないから残す。」等の会話を平気で口にするような子でした。しかし、この授業の中で生き物の命について考えたことで、これからは感謝して食べたいという気持ちを持てるようになったように感じました。

授業を終えて

この授業を終えた後、美味しくないからと言って給食を残していた女の子が、次の日の給食の時間に、「先生、今日は全部食べられました！」と嬉しそうに報告してきました。また、今までは給食を食べる時にただ「いただきます」と言っていた子が、食べ物に感謝して「いただきます」と言って食べるようになったと日記の中に書いていました。

学級の中では、これまでよりも給食の残量が減り、嫌いな物でも頑張って食べようとする姿が多く見られるようになってきました。もちろん、子ども達の事なので、この授業の効果がずっと続くとは思っていません。また、全員が食べ物に感謝するようになったわけでもありません。しかし、多くの子ども達にとって、この絵本を通して食べ物の命について考えたことは、それぞれの食に対する意識を変える意味でも大切な教材になったのではないかと、授業を終えた今、そのように感じています。

(儀間奏子)

―― ●ポイント● ――

　こうして道徳授業に絵本を使うと、なぜ子どもが引きこまれるか。
副読本は基本的に文字から内容をつかむ。挿絵はその補助である。だが、文字・音声中心の学習では内容をつかみきれない子もいる。目で文字を追い、範読を聞いていても、内容理解はアバウトだ。だから、消極的で答えも的外れとなる。
　これに対し、絵本は文字と絵が融合している。いや、絵はむしろ主役だ。読み聞かせを始めると教室中の目が一冊の絵本に集中する。一人の教師の語りを聞き漏らすまいと全員が前のめりになる。
　こうしてのめりこむ中で分かってくるのは、肉を食べる自分たちの向こう側に牛を殺す坂本さんや大好きな牛を売る女の子がいるということだ。
　だからこそ、はじめ肉は大好きとはしゃいでいた子は、その肉のつくられ方を鮮明にイメージして「一気にしぼむ」。
　その「逆転」を受け、つくる側の人の心情を知る。さらに、牛を殺す坂本さんはなぜやめようと思ったのか、女の子はどんな気持ちであったかを想像する。
　こうして、食べる側の自分・殺す側や育てる側の人の気持ちをふまえてさまざまな角度から「いのちをいただく」意味を考えるから、授業が深まるのである。
　その中でこそ、自分たちの命が誰の働きでさまざまな命とつながっているか、その人たちが何を考えているかが学習者それぞれに「見える」ようになる。子どもの「感謝」が言葉だけに終わらず、食に対する意識が変わる子も現れたのはそのためであった。
　絵本を使う授業は、絵本だけを使う授業ではない。何をねらい、どこでどう活用し、何につなげるかが大切なのだ。動物大好きで、でもお肉大好きな子どもの「矛盾」をゆさぶる巧みな構成に学び、心に届く道徳授業をつくる一助としたい。

❹

『たったひとつのたからもの』
── 家族愛（中２）──

◉どうすれば辛い本音を出しあえる？──日常の取り組みが授業の前提

　思考力・批判力が高まり、自立への道をすすむのが中学生だ。その心理、関心に即して道徳教育の在り方を再検討したい。中学生は父母や教師の権威・定められた規範を相対化しつつ成長し、その道徳性を育てていくのではないか。
　つまり、うすっぺらな「建て前」の授業は見抜かれる。だからこそ、中学での道徳授業を、互いに本音を分かりあえる契機としたい。そこから人間愛と道徳性を育てるため、浦島浩司さんは次の手だてをとった。
　『道徳授業の前に軽い気持ちで親への感謝・メッセージを書いて提出しよう』　すぐに授業に入るのではなく、事前にこうよびかける。すると、クラスの多くの生徒たちは素直にその本音を綴ってきた。
　〈ア〉日頃も言っていることですが、人の話を上の空で聞かずにちゃんと聞くという意識を持って聞いてほしいです。あと、おせっかいしすぎです。
　〈イ〉ぜったいまいにちなにかしら言うんだよねー。うざいくらい…なんかしゃべりたくないのに、きいてきたりさあ。でも、何もしゃべりかけてくれないときはすごくさびしい。話しかけられて「ウざー」と言った時は、何かすごく心が痛んだ。
　ごめんね。いつもいろいろやってくれるのに、きついこと言って。将来自分がなりたい仕事についたら、ちゃーんと親孝行するから、それまではお願いしますよ。
　〈ウ〉今まで、家のことはほとんど母がやると、あたりまえに思っていた。母に「ふとんたたんで」と言われると、なんであたしがやんの？っていつも思ってた。食事をつくるのも、洗濯をするのも全部母がやるものだと思っていた。今は、ちがう。布団をたたんだことは数回もないが、よーく考えてみると、毎日どんなつらいことをやっているのか分かってきた。この前、米をといであげたら（夜に…）次の日に『ありがとう。助かった』って言われた。
　ぶっちゃけ、まあまあ良い気分だった。やっぱり、母＝親は大変だ。いつか

自分もこうなると思うと嫌だけど、がんばりたい。
〈ア〉の生徒は忙しい親へ率直な要求をぶつけている。〈イ〉〈ウ〉には反発と素直な感謝・共感が混在していて中学生らしい。多忙でストレスの多い中学生が、それ以上に厳しい生活をしている親と分かりあおうとしている。
中学生たちは、自立しつつ親を相対化し、親の長短をつかみとった上でなお、自分のために愛を注ぐ親の姿に共感・理解を示し、互いに支えあおうとする。
以下に引用する〈エ〉に至っては、離婚という自己の家庭内事情にまでふみこんで親の辛さへの共感と感謝を綴っていた。
〈エ〉ここまで育ててくれてありがとう。お父さんと離婚して、ひとりで仕事とか、生活のことがんばってくれてありがとう。最近何もしてあげられなくてごめんなさい。
家族4人でいることが今まで普通だったけど、今になって大切さがわかったんだ。辛かったけど、今になってお母さんの方が辛かったんだなって分かったんだ。…
「ありがとう」「ごめんなさい」「辛かったんだな」…この生徒は、母への共感と感謝という「人間愛」をすでに実践していた。
せまいクラスである。このメッセージが発表されれば、「兄弟4人で母親と生活」という事実から容易に個人が特定される。それでも、この生徒は母への共感や自分のせつなさを書いた。クラスへの信頼感があってこそできることだ。
次の〈オ〉は、親の置かれた労働環境の厳しさもきちんと視野に入っている。
〈オ〉毎日仕事、仕事。たまに休みをとったと思ったら、携帯の着信音がなり結局仕事が入る。早い日は、ぼくが部活から帰ればすでに家にはいない。そんな日々がここ数年続く。
でも、そんな母親でも、家のために働いていることはとうの昔に知っている。もしお母さんがいなかったら、ぼくたちは生きていけない。毎日ありがとう！最後に、酒の飲みすぎには注意しろ‼
この生徒は、単親家庭で育ち、母の日々の労苦が自分の生を支えていることを「とうの昔に知っている」。愛と感謝の言葉が上滑りにならないのはそのためだ。
教師のたったひとことをきっかけに、日々揺れ動く中学生の本音が親への多彩なメッセージとなって寄せられる。事前アンケート自体が、親との関わりを「再発見」する道徳教育となっているのだ。
それらを読みあうことで共感が広がり視野が開け、道徳の授業で人間愛について考えあう基盤となっていく。1時間の道徳授業はその延長にあった。

浦島学級では、なぜそうした本音の交流が可能になったのだろうか。

◉たとえ負けてもクラスは育つ——まずは行事に関わって
　その根底には、担任と生徒が共に泣き共に喜びあってクラスをつくりあげていく日々の営みがあった。浦島さんは日ごろからよく生徒の話を聞き、彼らが率直に生活ノートに書いた本音をいつも学級通信に載せて発信してきた。
　この道徳授業の2か月前、10月の合唱コンクールで優勝を逃した後、学級通信には担任と生徒のどんなことばが掲載されたのだろうか。
　まずは教師からの投げかけである。
　その日、きっと優勝すると自他ともに思っていたのに、勝利の女神はほほ笑まなかった。失意のうちにクラスにもどってきた生徒たちに、浦島さんは『もう一度だけ、歌いおさめをしよう』とよびかける。
　それに応えて懸命に歌う生徒の顔を見ていると、浦島さんは涙が止まらない。
　『もしも優勝していたなら、あのグリコの絵のようにテープを切って終わりだったよな。この悔しさの中から君たちは何を学ぶだろうか』
　このことばが吸い込まれるように沁みとおる教室。翌日に提出された生活ノートには、次のような声が記されていた。
○優勝するのがすべてではない。今日は24HRの人たちの心が一つになった一瞬だった。今日の文化祭を通して、足りなかった"何か"が芽生えてきた。
○ただ思うことは「何で？？」「どーして？？」「どこが悪かったの？」・・・でも、全てが悪くはないので、これからも2の4で仲よくやっていきたいです。
○最後に歌った歌は、いちばん感情がこもっていた。一人の力ではきっと完成しなかった歌も、みんなの力で完成させた。勝ち負けより大切なものが手に入った。今日のこと、一生きざまれるでしょう。
○俺らは歌で負けた。どう考えてみたっておかしいだろう。最後に泣いている人いたけど、それもいいと思う。
○こんな悔しくて、超感動の合唱なんて初めてだし、これこそ団結なんだなあ。
○勝って手に入れるものは入らなかったけど、負けて手に入れた物があった！
○泣きすぎて酸欠になった。もうすぐにでも現実から逃げたかった。違うことを考えようとしたけど、自分の中のすみに必ず残っていた。
○みんな大好きだよ！！！！！！！！
　一人ひとりの心情が、借り物でないことばで綴られている。合唱コンクールを通して、それぞれが「クラスのたからもの」を見つけている。それに応えて、

浦島さんも10行にわたる返事を学級通信に書いた。
　書き綴る中で、何げない気づきをとらえてそれを評価し、そこから共感を広げて生徒の一体感を強めていく。
　4月に機械的に編成されるクラスという集団は、こうした過程を経て生徒たちの共同生活空間となっていく。教師のひとことに応え、生徒が率直に本音を書いたのは、その前提として、何でも話せるクラスの日常＝「みんなの世界」がそこにあるからであった。
　このような学級づくりこそが浦島さんの「得手」・持ち味だ。道徳の授業は、各自のそうした「得手」をよりどころに、個性豊かにつくられるべきだ。
　浦島さんの場合、その授業はどう組み立てられるのだろうか。

◉「たったひとつのたからもの」・1時間の授業はどのように？

　授業の冒頭、互いのメッセージは匿名で紹介され家族間の愛を考える資料となる。もちろん、中にはそっけない通り一遍のメッセージもある。しかし、そういう生徒も、他者の心のこもったメッセージを読めば心が開かれる。
　その開いた心に向けて、『たったひとつのたからもの──懸命・友達』篇（明治安田生命ＣＭ　「あなたに会えて」シリーズ）という、短くはあるが切ないほどの愛の物語が映像で示される。だから、生徒はそれを他人事と感じない。
　すっと物語に入って、幼い秋雪ちゃんやその親の思いに自分・友人の思いを重ねあう。それぞれが感じたことが率直に語られ、他者理解につながり、生徒同士が共鳴しあっていく。その時、人間愛についての「道徳」の授業は"成立"したのである。
　翌日の生活ノートには、22人もの生徒がすすんでその感想を書いていた。
　「今日は5時間目に感動した」「けっこういろいろ考えさせられたし、自分自身を見直せた」「先生、お疲れ様でした」
　授業を通し、自分たち自身でも考えを深めあい、さらには実践した教師にまでねぎらいの言葉をかける。浦島さんは、それらの意見をまた学級通信を通して還流させる。
　こうして、授業を媒介として生徒の人間的な思いを掘り起こし、共通の学びを通して人と人をつなげる優しさを育てる。頭ごなしに道徳の「体系」を教えこむ場とせず、生徒の思いを生かすことを基盤に据える。
　道徳教育を「深化」「補充」「統合」するのではあるが、到達すべき目標・価値には幅を持たせる。それが、生徒が多様化した今日の道徳教育に必要だと私は思う。次の「授業過程」に目を通して、この授業の流れをつかみたい。

授業過程

学びの道筋と生徒のあらわれ	支援（※）　留意点（・）
○本主題に関わる一枚の写真を貼る。 ○アンケートを配布し、アンケート結果から親子関係を考える。 　アンケート結果を見た感想はどうですか。 ・親に大切にされていると思っている人が多い。 ・男子は、親との関係はうまくいっていると感じている人が多いが、女子の半分ははっきりわからない。 　自分と家族との関係は実際どうですか。 ・親は、自分の話を聞いてくれない。 ・とにかくうるさい。 ・相談にのってくれたり、アドバイスしてくれたりする。 ○「たった一つのたからもの―友達」編のビデオを視聴する。 　ビデオを見た感想はどうですか。 ・感動した。 ・秋雪ちゃんがかわいそう。 ・自分もこんな頃があったなぁ。 　秋雪ちゃんを抱いているお父さんの気持ちを考えましょう。 ○自分の考えを紙に書き、黒板に張り付ける。 ・俺がおまえを守ってやる。 ・お願いだ、いつまでも長生きしてくれ。 ・秋雪、おまえが大好きなんだ。 ○各生徒の出した意見をまとめる。 ・両親が秋雪ちゃんを大切にしている気持ち。 ○以前道徳の授業で書いた「軽い気持ちで親へのメッセージ」を配布。 　メッセージの中から、みんなの親への思い＝大切なことばをさがそう。 ・迷惑をかけた・〜してごめんなさい・ありがとう ・親孝行するから・母は大変・頑張ってるお母さん 　もう一度、ビデオを見ながら、親に再びメッセージを書こう！	・アンケート結果をどう見るかは生徒自身によって違ってくるので、生徒の意見を大切にする。 ・発表者が出ないときには、授業者が指名し、数人が発表する。 ・自分の親子の関係について振り返るようにし、本時のねらいへの方向付けをする。 ※発言の少ないときは、机間巡視しながら、HやRに「どう。」と声をかける。 ※ビデオを視聴する前に、秋雪ちゃんのことと、加藤夫妻がどのような思いでこの写真を撮ったかを紹介し、本時のねらいにせまる。 ※授業者が生徒の考えを一つ一つ読み上げ、聞いている生徒に問い返しながらいろいろな考え方があることに気づくよう支援する。 ※便せんに自分の気持ちを書き込むことで、あらためて自分を見つめ直し、親への思いや今後の生き方について深められるよう支援する。 ・十分に時間をとり、CMのバックに流れる曲を流し、手紙を書きやすい雰囲気を作る。

◉「たからもの」はどこに？

　授業後に再び書かれた親へのメッセージを読むと、次のようなものがあった。
　「お父さんがいなくて、一人で大変だけど私のためにがんばってくれてありがとう。あたしは正直なところお父さんが再婚するのは許せなかった。ってか、再婚なんて考えてもなかったから、すごくおどろいたよ。冬休みにその人と会わされてさ…お父さん、その人といる時さ、笑顔たえなくて、すごく幸せそうだったんだ。辛かったよ。でも、ママに比べれば、あたしの辛さなんて小さなもんかな。と思ったからがんばったよ。これからも、いろいろ迷惑かけるけど、よろしくね。一人でなやまないでね」
　「授業」が契機となり、彼女は父親側と母親側に「引き裂かれる自分」についてさらに深く考える。一方の親の幸せが、他方の親の苦しみを生み出す現実への容赦ない直面、その時この生徒は、どんな思いで「がんばった」のか。
　彼女は1時間の「授業」を契機に奥底まで深く自分をみつめた。そのぎりぎりから、同性である母親への共感を芽生えさせた。それが、この生徒にとっての「人間愛」の学び方ではないのか。そうしてつかんだ道徳性こそが生きて働く力となる。生徒の中枢神経は、間違いなく揺さぶられていると私は思った。
　生徒たちの体験・生活の必然の中から学びあいを育て、授業を媒介にそれぞれの道徳性を育てていきたい。
　学ぶほど「学力」差が広がっていく「知識注入」の授業、生徒とは無関係なところを素通りしていく「建て前」の授業。そんな授業とは違い、成長のじぐざぐに寄り添うようにすすむ浦島実践は、かぎりないまでに暖かい。
　だからこそどの生徒も、自分のメッセージがクラスに紹介されるのは百も承知で本音を書いた。本音を交流できるクラスづくりを起点に、生徒それぞれの「人間愛」をみつめさせる「道徳」授業の一例である。

（実践・浦島浩司　元・静岡県伊東市立宇佐美中学校）

❺ 『典子は、今』
── 道徳教育から普通教育としての道徳教育へ ──

◈はじめに

　『典子は、今』は1981年に制作された映画で、主人公典子は、サリドマイドという薬の副作用で、生まれつき両腕がないという障がいのある女性です。本人が主演することによって、この典子の生き方をセミドキュメンタリー風に描いた作品です（監督：松山善三。2007年に DVD も発売されています）。私は、この映画を学年（中１）で鑑賞する前後の学習を道徳教育（「いのち」の学習・人権学習）として位置づけ、毎年のように実践してきました。きっかけは1997年神戸で起きた連続児童殺傷事件でした。勤務校の子どもたちの様子から私は、この事件を特異なものと見なすことはとてもできませんでした。普通でないというか、何か"人間的に無感覚"になっているような子どもたちの心をゆさぶり、あらためて人間とは何かを考えさせたいという思いがありました。

◈事前学習

　まず、この実践のねらいを、①体にハンディのある人の生き方にふれることによって、自分の日常生活を見直す。②体にハンディのある人（社会的に弱い立場におかれている人）とともに生きる社会を築くために、自分にできることは何かを考える。とし、以下のようなガイダンスを用意しました。

＜上映映画の内容の紹介と鑑賞のポイント＞

▷主人公の「典子」は、「サリドマイド*」という薬の副作用で、生まれつき両腕がないという障がいがある女性（本人が出演）である。映画は、この典子の生き方を実話にもとづいて描いたものである。

　　＊サリドマイドとは、睡眠剤の名称で、1958年ごろ、西ドイツ・日本で妊娠した女性のつわり止めとしてほぼ同時に発売された。しかし、これを手足の器官を形成する時期にあたる妊娠初期に服用した母親から奇形児が生まれることがわかり、その後販売が中止された。

▷映画では、はじめに、次のような字幕が流れる。「昭和33年から37年までの間に、306人のサリドマイド障害児が生まれた。西ドイツで約2500人、英国で約400人、スウェーデンに約100人の障害児が生まれた。腕のない赤ちゃんを生んだベルギーのスザンナバンドビイ夫人は、哺乳器に睡眠剤を混入して、10日後にその赤ちゃんを殺した。彼女は殺人を認め、法廷に立った。そして、彼女は言った。『この子に未来はない』と…」

▷また、典子は、高校卒業を間近にひかえたある授業のなかで、「はかない希望」と題した次のようなスピーチをする。

「私の希望は、大きくも小さくもありません。夢もないなあ。あるかな？あっても夢のまた夢。ほんとに、はかない希望です。私には腕がありません。雨の日には、ヨウコやハナコ、みんなの傘に入れてもらわなければ、学校に来ることができません。それを考えると、私は、一生だれかのお世話にならなければ生きてゆけないのかと、悲しく、半分、くやしく思います。私は、オギャーと生まれると同時に、母のところへ二つの不幸を持ってきました。一つは、私のような子どもが生まれたというショック。もう一つは、そのために、父と別れたことです。私は、母にすまないと思っています。けれども母は、笑って、『これは、神様が私をためしていらっしゃるんだ。私とおまえが、どんなふうにして世の中を生きていくか、それを空から見ていらっしゃるんだ。がんばろうね。』と言います。本当でしょうか？神様がこんなひどいことをするはずはないと、私は思っています。

母は、病院の住み込み看護婦をしながら私を育ててくれました。」

（回想シーン）

「私は、その時（5歳くらい）まで、自分には腕や手がない、ということに気がつきませんでした。そう思ってみると、他の人には、みんな私よりよけいに、二本の手があります。とっても便利そうです。その日から、母は、私の足にスプーンをにぎらせ、はしをにぎらせ、読み書きそろばんを教えてくれました。私は今日まで、手がなくてくやしいと思ったことは一度もありません。でも、困ったなあと思ったことは何度もあります。一番はじめに困ったことは、小学校に入れてもらえなかったことです。」

（回想シーン）

「あの日から今日まで、私も母も泣いたことはありません。泣いたってどうにもならないことを知ったからです。でも、運よく私は、たくさんの人の親切をもらって、普通小学校に入学することができました。あっという間に小学校

６年が終わり、中学校３年が終わり、そして今、高校卒業の時がやってきました。『今度は大学だ。』そう思っていました。けれども私は、大学受験をやめて、一日も早く社会に出ようと思っています。夕べ母がころんだのです。年とったのです。母の髪には白髪が何本も見えました。私には希望とか夢とかありません。あるのは明日のことだけです。一日も早く、母を楽にしてやりたいと思っています。」

＜この映画でしっかり見てほしい、考えてほしい主なシーン＞

▷ "足"を手の代わりにして、洗顔、食事、書写、料理などをどのようにして行っているか。（とくに家庭科の実習のなかで、ミシンの針に糸を通すシーンは圧巻！）

▷ それでも、手がないと、どうしてもできないことが映画の画面のなかにさりげなく描かれている。それを見つけてみよう。

▷ 熊本市役所へ出勤する途中、込み合ったバスが急ブレーキをかけたためにバスの床に倒れてしまい、ひとりでは起き上がることができなかったシーンがあるが、そのときの典子の気持ちを想像してみよう。

▷ このことがきっかけとなって、典子が母の反対を押し切って、熊本から広島までの"自立へのひとり旅"を決意するが、その時に、①どうやって財布からお金を出して切符を買ったか、②どうやって列車の中でお弁当を買い、食べたかをよく見よう。（とくに、典子を真ん中にして両隣りに並んで座っていた二人の男性の"反応のちがい"に注目！また、自分がこの時の男性の立場にいたとしたら、どうすると思うか）さらに、③この映画では描かれていないことで困っただろうと想像できることはどんなことかを考えよう。

▷ 典子がこの旅の目的地の広島で出会ったこと、学んだことは何だろうか。（母には１泊で帰ると約束したのだが…）

◉子どもたちとの約束

この指導のなかで、この映画が作られたのは、最初の実践（2007年）の16年前なので、その後、典子さんやお母さんはどうしているのか、現在のようすを熊本市役所に電話して、映画上映までに明らかにしておくことを子どもたちに約束しました。

事前学習を終え、さっそく熊本市役所に電話してみました。すると、現在は

「健康増進課」に勤務しており、直通電話で取り次いでくれるとのこと。典子さんが電話に出るまでの間、私の胸は高鳴りました。そして受話器から映画で聞き覚えのある、明るく澄んだ声が響きました。私は、手短に自己紹介と電話をした理由を述べたあと、ぶしつけで失礼なことは百も承知のうえで、子どもたちに典子さん宛の「手紙」を書かせてもよいかを頼んでみました。すると、快く応じて下さり、大変感激しました。こうして、本番をむかえました。

◉映画上映と事後学習

　当日は楽しみにしていた子どもが多く、ふだん遅刻ぎみの子もこの日だけは早めに登校し、「先生、今日、典子やるんだよね」と私に話しかけてきました。上映の前に、電話が通じたことや「手紙」のことなどを話しました。約2時間、休憩なしで映画を上映した後、教室にもどって、各クラスごとにガイダンスプリントをもとにしてつくった次のようなワークシートを使って事後学習を行いました。

---

①事前学習のプリントを読んだ時、どんなことを感じましたか。
②実際に映画「典子は、今」をみて、とくにどんな場面や言葉が印象に残りましたか。
③典子のスピーチ（プリント資料）を聞いた感想を自由に書いてください。
④映画の中で出勤途中に、込み合ったバスが急ブレーキをかけたために、バスの床に倒れてしまい、ひとりでは起き上がることができなかったときの典子の気持ちはどんなだったと思いますか。
⑤列車の中でお弁当を買ってもらい、食べさせてもらう場面を見て感じたこと、考えたことを自由に書いてみよう。（とくに二人の男性の対応の違いに注目して）
⑦ラストシーンで典子が海に飛び込んで泳ぐ場面が出てきますが、その時の典子の気持ちを想像して書いてみよう。
⑧この映画は、本人自身が出演しないと成り立たない映画ですが、なぜ典子は、この映画に出演することを決意（承知）したのだろうか。
⑨あの映画から16年たった現在の白井典子さんに聞いてみたいことを自由に書いて見よう。
⑨別紙を使って、白井典子さんに手紙を書いてみよう（必ず送ります）。

その中で、とくに私が注目したのは、「現在の白井典子さんに聞いてみたいことを自由に書いてみよう」という項目でした。

●典子さんに「手紙」を送る

ワークシートや映画を見た感想とともに、「典子さんへ手紙を書いてみよう」と、子どもたちに呼びかけました。しかし、あくまで自主性にまかせ、強制的に書かせることはしませんでした。それでも、52通の手紙（170名中）が集まりました。その手紙を送る前に、典子さんの実家にお礼を兼ねて電話をすると、典子さんのお母さんが電話に出られ（典子さんは留守だった）、初めて話をしたにもかかわらず、お母さんから直接、典子さんについてのいろいろなお話を伺うことができました。なかでも、お母さんの言われた次の一言が私の胸に深く突き刺さりました。

「わたしは、今でも、典子をあんなふうに産んでしまったことを、典子に申しわけないと思っているんです。」

この言葉を聞いた瞬間、私のなかで、典子さんが映画の中のスピーチで「私は母のところへ二つの不幸を持ってきました。一つは、私のような子どもが生まれたというショック。もう一つは、そのために父と別れたことです。私は、母にすまないと思っています」と言っていたことが重なりました。後に社会科の授業のなかで、この母と子のそれぞれの思いを子どもたちに伝えると、子どもたちは、どのクラスでも例外なく、シーンとしてこの話を聞いていました。

その後、再度の電話で、典子さんに子どもたちからたくさんの質問が寄せられているので、年が明けたら"電話"でインタビューをさせてもらえないかと申し出たところ許しを得られました。そして、年末に「典子さんへの手紙」を送りました。

●インタビューのため熊本へ

しかし、もう一度子どもたちの質問を読み返しているうちに、"電話"ではなく、できれば直接典子さんに会って子どもたちのかわりにインタビューをしてみたいという気持ちが抑えられなくなりました。そこで、年が明けて再び典子さんへ電話した時に、「できれば子どもたちの質問を携えて、直接インタビューに伺えればありがたいのですが…」と無理を承知で典子さんにお願いしてみると、幸運にも承諾して下さいました。その上、インタビューのようすを帰ってから子どもたちに聞かせるための録音の許可まで得ることができました。

インタビューの場所は典子さんの実家でした。訪問前日の夜に熊本入りした私は、当日の午前中に典子さんの実家に向かいました。実家には、典子さんとお二人のお子さん（当時中学1年のお姉さんと2歳の弟さん）が出迎えてくれました。
　子どもたちの質問をまとめたインタビュー項目をもとに、典子さんと打ち合わせを行ったうえで、いよいよインタビューを開始しました。インタビューは20分間に及びました。後日、インタビューを子どもたちに聞かせた後で再度手紙を送ることを約束して、典子さんの実家をあとにしました。

◉学年全体で録音テープを聞き、再び典子さんへの手紙を書く

　熊本から帰っても学年末行事が重なり、結局、学年全体で録音テープを聞いたのは、3学期が終わる直前になってしまいました。当日、子どもたちは、録音テープをおこした下記のようなプリントを見ながら、水を打ったようにシーンとして、録音テープから流れてくる、典子さんの聞き覚えのある声に耳をそばだてていました。

＜白井典子さんへのインタビュー＞

(1)　白井典子さんのプロフィール（経歴）
　1962（昭和37）年1月　熊本県に生まれる
　1980（昭和55）年　高校卒業後、熊本市役所に就職（障害福祉課を担当）
　1981（昭和56）年　映画『典子は、今』（国際障害者年協賛作品）に主演
　1982（昭和57）年　普通自動車免許取得（法改正により可能となる）
　1983（昭和58）年　結婚
　1984（昭和59）年　長女誕生（現在13歳、中学1年生）
　1995（平成7）年　長男誕生（現在2歳）
　1997（平成9）年　担当が健康増進課（母子手帳に関する仕事）に変わる
(2)インタビューの項目（みんなに書いてもらった「今の典子さんに聞いてみたいこと」をもとにしました）

①どういういきさつで『典子は、今』に出演したのですか。
②映画の中では、小学校、中学校の場面が省略されていたので、詳しく知りたいのですが。（いじめられたりしませんでしたか？）
③あの映画に出て、何か自分が変わったところはありますか。（あるいは、まわりの様子で変わったことがありますか）

④熊本市役所で働いていて、楽しかったり、つらかったり、苦労したことがありますか。（あるいは、悲しかったこと、苦しかったこと、いやだったことは何ですか）
⑤お母さんはお元気ですか。あれから、お母さんを楽にしてあげられましたか。
⑥今までで一番苦労したことや、悲しかったこと、苦しかったこと、いやだったことは何ですか。また反対に、今までで一番心に残ったうれしかったことは何ですか。
⑦障害をもっている人に対して、私たち中学生にしてもらいたいことや、やめてほしいこととかを、詳しく教えてください。（あるいは、障害をもっている人と、これから私たちがともに生きていくにはどのようにしていったらいいですか）
⑧志村第三中学校の一年生に一言、メッセージをお願いいたします。

(3) 典子さんとの一問一答 (1998.2.28、録音テープより再現)

── まず、『典子は、今』にどのようないきさつで出演されたのか、その時のお気持ちみたいなものをお話いただけたらと思いますが。
典子さん「まず、一番初めにお話があったのが、プロデューサーの方から映画を作りたいというようなことだったんですけど…
── はい、19歳の時でしたよね。
典「ほとんどが、興味ですね。（笑い）映画というものがどういうものか、自分を映画の中で表現したいというのもありましたし、やはり、社会人になってすぐでしたので、これから自分が生きていくうえで、自分というものをまわりに知ってもらわなければいけないというような思いがありましたので、映画を通して、多くの人に、『こういった人間もいるんだよ』というようなことを知ってもらうには、自分に課せられたチャンスじゃないかな、と思って（映画に出演することを）決意しました。」
── ありがとうございます。映画の中の高校卒業の時のスピーチのシーンの中では、小学校、中学校のことは、あまり触れられないで終わってしまったんですが、子どもたちは中学生なもので、典子さんの小学校や中学校の頃はどうだったのだろうか（と思っていますので）、その頃の様子についてもお話しいただけたらと思うのですが…

典「そうですね。自分自身は普通に、まわりの人たちと同じように過ごしてきたつもりです。とくにいじめられることもなく、自然体で、小学校、中学校、生活できたかなと思います。」

── じゃ、けっこう、友だちには恵まれたり…

典「そうですね。」

── 映画のなかでも、（あれは高校でしたが）友だちとワイワイやっていたり…（今の子どもは、けっこう友だち関係で神経を使うことも多いので）そのへんは、あまりわけへだてなく…

典「私自身は、とくに孤独だった覚えもないし、けっこうお友だちとワイワイやってたかな、と思います。」

── わかりました。それでは、あの映画に出たあと、（典子さん自身が）変わったところとか、何かありましたか？あるいは、映画のシーンのバスのところで、くやしい思いをしたところとか出てきましたけど、映画に出たあとで、まわりの（典子さんに対する）見方とか、何か変化がありましたか。

典「まず、あの映画の中で、バスのシーンがありましたよね。ああいったことというのは、まずないです、実際の生活の中では。けっこう自分自身も気をつけてますし。それから、私自身は（映画に出たあとも）とくに変わったつもりはないんですけれど、やはり、まわりの目っていいますか、スクリーンを通して、実像でない自分をつくりあげられてしまった、それをまわりの人が見ているというのを映画以降感じました。」

── どうしてもひとつのイメージをつくりあげてしまうというのがありますよね。それで、（映画の中でも）熊本市役所のシーンが出てきましたけれども、今の熊本市役所でのお仕事の内容とか、いろいろな思いがあると思うんですけど、ご苦労されたこととか、お仕事をされててよかったと思うこととか、つらいこととか、そんなところもお話しいただけたらと思うんですが。

典「そうですね。昭和55（1980）年に（熊本市役所に）入りまして、ずっと去年（1996年）まで、障害福祉課というポジションで…」

── 映画でもそうでしたよね。

典「はい、ちょっと長かったんですよね。で、去年、健康増進課という職場に変わったんですけれども、今は、仕事の内容としては、おもに

デスクワーク（机に向かってする仕事）で、母子保険といって母子手帳に関する仕事ですね。」
── 障害福祉課にいらっしゃる時の仕事はどうでしたでしょうか。
典「そうですね。いろんな意味で勉強になりましたし、やはり、高校を卒業してすぐということもあって、本当にいろんな方がいるんだなということが驚きであったし、自分の知らない世界というのがとてもたくさんあったことに、その当時驚きました。」
── 逆にそこから学ばれたことというのもたくさんあったのではないかと思うんですが、どんなことがあったのか、子どもたちのためにお話しいただけますでしょうか。
典「そうですね。難しいですけれども、やっぱり、いろいろな立場にいても、それぞれいっしょうけんめい生きていらっしゃるっていうことですよね。障害者の立場として一番思ったのは、本当にきびしい目でみれば、『障害を盾（たて）にして甘えている人がたくさんいるんだな』っていうのも思いました。」
── なかなか難しいところですよね。
典「だから、一番思ったのは、障害を持っていても、持っていなくても、『自立する』ということがとても難しいということかなって思います。今、『平等』という言葉がありますけれども、『何が平等なのかな』っていうのを本当に考えないと、まちがった方向に進んでしまうというふうに思うんですけれども…」
── なるほど、わかりました。ちょっと話は変わりますが、あの映画の中で、お母さんのことについて、典子さんもいろいろ言われてましたし、実際にお母さんのご苦労が描かれてましたが、子どもたちの質問の中にも、『お母さんはお元気ですか』『あれからお母さんを楽にしてあげられましたか』（典子さんも、あの時、『お母さんに早く楽をさせてあげたい』と言われてましたので）、なんていう質問もあるのですが、お母さんの（その後の）様子をちょっとお話しいただけますでしょうか。
典「そうですね。まあ、元気にしております。で、やっぱり年ですので、いろんな所に故障が出てくるのはあたりまえなんですけれども…」
──（お母さんは）67歳になられましたね。
典「そうですね。楽にしてあげられたかどうかというのは、わからないというのはおかしいですけれど、やっぱりそれぞれ基準がありますの

で。ただ、やはり、（私が）小さかった時に、たくさん苦労していると思うんですよね。それを思えば今は、比較的安定して暮らせているんじゃないかな、とは思います。」
── はい、わかりました。それで、子どもたちの質問の中に、映画から16年間の間、現在に至るまでで、いろいろと苦労されたこと、悲しかったこと、いやだったこと、あるいは反対に、今まででとくに心に残ったことは、どんなことだったんだろうかという質問があるのですが…
　　（とても、一口ではいえないと思うのですが）
典「あのー、くやしかったと思うようなことは、ほとんどないんですよね。ただ、一つだけあったんですが、障害福祉課の方で仕事をしていて、自分なりにいっしょうけんめいにやってます。（同じ職場の）まわりの人と同じように仕事をしてきているつもりですし、やはり、だれにでも、ちょっとした失敗とか、窓口という関係もあっていろんな相談に来る人もたくさんいますし、そういった面では、とても難しい所なんですけれども、その中で、『障害者だから、こういう失敗をするんだ』というような見方をされた時が一番（同僚からではなくって外から来た人に）…。」
── 何か仕事上の…
典「そうそう、ミスをした時に…その一、自分だけがするようなミスではなくて、ほんと、他の人だれにでもありうるような失敗なんですが、それをやはり障害を持っているからというような見方をされた時が、やっぱり一番くやしかったですね。」
── そのことをはっきり言われることがあるっていうことですか？
典「いや、もう、めったにないんですけれども、たまたまそういうことを言われたというか…そういう時はプライドを傷つけられますし…」
── そうですよね。人間にならだれにでもあるというミスを、障害のせいにされちゃうみたいな…
典「だから、反対に自分も障害のせいにしたくないし…」
── ありがとうございます。それで、これからは、障害を持った方であろうとなかろうと、ともに生きていくような世の中にしなくてはいけないと言われていますが、子どもたちの中に、典子さんに、どのようにしていったらいいのか教えてくださいという声もありますので、その辺のことについてお話しいただけるとありがたいのですが…

典「そうですね。さっきの話に通じるところもあるんですけれども、障害（表に見えても見えなくても）を指摘されるというか、悪口の対象にされるのが、される身としては、一番やだと思うんですよね。とても難しいところなんですけれども…（的確な言葉がみつからないためか、しばらく沈黙が続く。その間に典子さんのひざの上に乗っていた２歳の息子さんがトイレに行きたくなったために、インタビューは一時中断）……　今、学校の中に、障害を持った方とかいらっしゃるんですか？」

── 私の勤めてる所では、身体上のハンディとかのある人はいないんですけれども…

典「そうですね。障害を持っている人というのは、できるだけそれを表に出したくないというか、あのー、くやしい思いをしてても、それを言葉に出さない…だろうと思うんですよね。だから、それをわかってあげるというのが一番…だから、思いやりの気持ちっていうのが大切なんじゃないかなって…私も、（障害を）持っているひとりですけれども、私は、他の障害を持っている人の気持ちというか、どういった悩みを持っているのかというのは、わからないわけですよね。それぞれですから。ただ、それを思いやる気持ちというのは、だれでもいっしょだと思います。」

── はい。ありがとうございました。それでは最後になりますけれども、（子どもたちの）手紙を読んだ感想なども含めて、本校の、志村三中の一年生に、何かメッセージをお願いできたら、ありがたいんですけれども。

典「そうですね…私自身は本当に『足でする』ということが、小さい時から、それが自然体でやってきていますから、苦労したということが…自分自身では苦労してないなと思っています。だから、まわりが見てるのと自分自身の気持ちのギャップが大きいような気がして、あまり、まわりの人から『えらいね』とか、『たいへんだね』とか言われるのが、いやですね…っていうか、あまり、ピンとこないんですね。」

── はい。

典「社会人になって、いろんなたいへんなことというのが、たくさんありましたけれども、『本当に何が人間的に立派なのかというのを見きわめるような力を育ててほしい』…ちょっとまとまりがつかないんです

> が…」
> ── 要するに、外見というか、そういうことではなくて、人間の中身とか、人間性を見抜ける力を自分の中に育てて欲しいということですね。わかりました。どうも今日は、本当にお忙しい中、おじゃまいたしまして、ご無理をいろいろ言って申しわけございませんでした。
> 典「ちょっとまとまりがつかない話で（笑い）…」
> ── いえいえ、本当にありがとうございました。（終）

　その後、教室でインタビューを聞いた感想を書き、自由意志で「再び典子さんへの手紙」を書いてもらいました。55通が集まりました。お礼の手紙を添えて、再度典子さんへ送り、約3か月間にわたったこの実践の一応のまとめとしました。

典子さんとの交流から子どもたちが学んだもの
　子どもたちの感想には次のように7つのタイプがありました。
　以下、その例をあげてみたいと思います。
①感性的な認識のしかたの強いもの
・私はインタビューを聞いて、前の典子さんとは印象が変わった。思ったことが2つある。ひとつめは、典子さんは周りの人にめぐまれていたんだな、ということです。ふたつめは典子さんは、素直にインタビューに応じてくれたことでした。そして、私は、障害者だから…じゃなくて、一人のりっぱな人間としてみてあげなくちゃいけないということがわかった。ほかの人にも教えてあげたいと思いました。典子さんは私たちに大きな感動を与えてくれました。
②「映画に出演した動機」に焦点をあてているもの
・映画を見て質問したいことがたくさんあった。それをインタビューを聞いてわかったことがたくさんあってよかった。19歳の時、映画にでたきっかけは何かわかった。多くの人に「こういった人間もいる」ということを知ってもらうために撮ったということにすごいと思った。
③「いじめ・差別・偏見」に焦点をあてているもの
・小学校や中学校でいじめがなくてよかったと思う。いじめられていたら社会への積極性が失われて今のような仕事をすることができなかったと思うからです。白井さんの「何が平等なのかな」という言葉は正しいと思う。障害

者はふつうの人よりハンディがあるだけで、見下されていたということです。たしかに、僕も障害者をさけてきた。少し変だから嫌だと思ったり、道路を歩いている障害者から逃げたりしていたから。白井さんの言葉を聞いて、今度からは嫌だと思わないようにするつもりです。僕たちが大人になったら、こういうことを子どもたちに教え、障害者に親切にするような社会を築いていきたい。

④「障害を盾に甘えている」ところに焦点をあてているもの
・「障害を盾にして甘えている」という言葉は、心に残っている。それは本当にきびしい言葉だと感じた。ただでさえ私たちのように、障害をもたない健康な体のくせに、やることをやらない甘えている人はいるのに、と思う。前向きに自分にきびしくなれる人はとても強くてすごいと思う。

⑤「障害者だからこういう失敗をする」というところに焦点をあてているもの
・「障害者だからこういう失敗をするんだ」という言葉には、私もすごく腹が立ちました。「障害者だから何だ？」と私は言いたい。障害者の人もそうでない人も同じ人間だし、助け合って生きていくものだと思います。

⑥「えらいね」「たいへんだね」というところに焦点をあてているもの
・ごく普通に生きていきたいと、あまり、まわりの人とかわりなく見てほしいと、インタビューのテープを聞いていてわかりました。気持ちがとてもよく私に伝わりました。
・私達が手紙で送った内容に「えらい」「たいへん」という気持ちがあったけど、典子さん自身はあんまりピンとこないということがわかった。この前までやっていたパラリンピックに出ていた選手も典子さんと同じことを言っていた。「障害者として見られたくない」と。そう思っている人達のことを考えて、一人の人間として見ていこうと思っています。

⑦自分なりの意見（異論・反論も含めて）を表明しているもの
・私はインタビューを聞いて一番驚いたことは、「くやしかったと思うようなことは、ほとんどない」ということでした。私はなぜだろうと考えながらインタビューを聞いていました。すると、だんだん典子さんは、自分の障害のせいでこれはできなかったんだと思わない人なのかな？と思いました。普通、私だったら、「自分に障害さえなければ…」といつもくやしい思いをしているでしょう。でも典子さんは、自分の障害をあまり欠点ととらえていないのでしょう。この考え方はすごいと思います。最後に言っていた、「本当に何が人間的に立派なのかというのを見きわめるような力を育ててほしい」とい

うのは、難しいけれど、いつか分かるようになって、私の目標になればいいなと思いました。
・僕はインタビューを聞いて、障害を持った人に対する見方が少し変わったと思う。僕は小学校の時、養護学校の人と接する機会があったけど、その時は、ただ単にかわいそうだなとしか思っていなかった。でも、典子さんの話を聞いて、障害者だからって、特別の見方をされたくないという話が出てきた。それを聞いて、ただ単にかわいそうと思うのは、障害のある人に対して、失礼なんじゃないかなと思った。典子さんを通して障害者に対しての考えが深まって良かったと思う。
・私は典子さんが最後に言った「本当に何が人間的に立派なのかというのを見きわめるような力を育ててほしい」という言葉がとても印象に残った。今の私達は何でも外見にこだわって、そのものの中身まで見ることができなくなってしまっているような気がする。だから、人間でも何でも中身まできちんと見られるような心を持てば、もっと大きな人間になれると思った。そして私もそういう人間になりたいと思った。あと、典子さんが「実像でない自分をつくりあげられてしまった」と言っていたところも印象に残った。映画だけ見た人には「すごい」とか「たいへんだ」というふうにしか写らないかもしれないけど、インタビューを聞いた私達には本当の典子さんがわかった気がする。
・僕は初めは障害者を偏見の目で見ていました。『典子は、今』の映画を見ても典子さんへの感動と感心だけで、障害者への偏見の目はあまり変わりませんでした。（典子さんには失礼ですがすみません！）普通ならインタビューなんか断るのに、インタビューをしてくれたうえに、インタビューを通じて「一人の人間として見てほしい」と言って下さいました。それを聞いた時、僕は心を撃たれました。「僕は間違えていたんだ」と思いました。障害者の人達を一人の人間として見ていなかったということを。つらいことや悲しいことがあっても頑張って下さい。僕は心から応援しています。（典子さん、失礼なことが書いてあるかもしれませんが、本当にごめんなさい）
・典子さんへのインタビューを聞き、ああ、同じなんだな、と思いました。私は、以前の典子さんへの手紙などで、「がんばってください」とか書きたくありませんでした。友達への手紙などで、部の試合とかテストとか以外では「がんばって」と書かないので…。今回のインタビューを聞いて、改めてそう思ったのですが、伝わってないとか、まちがってとらえていたらすみま

せん…。だから、手紙の最後に一言、「障害をもって大変ですね、がんばってください」のかわりに、何て書こうか、少しなやみました。お話しを聞かせていただき、本当にありがとうございました。典子さんの言う「何が立派なのか見きわめられる」力を自分なりに少しずつつけられるよう、インタビューでの言葉を頭において、自分なりにがんばっていきたいと思います。

・僕は『典子は、今』の映画を見てから、今現在、典子さんはどういう人になっているのかなあと思っていました。そして、典子さんのインタビューを聞いてほっとしました。映画の時の声とほぼ変わっていなくて明るい典子さんの声が聞けて、とてもうれしかったです。わかりやすくインタビューに答えてくれて、本当に本当にありがとうの気持ちでいっぱいです。

・もしかしたら私は典子さんにすごく失礼なことを（最初の手紙で）いったかもしれないとインタビューを聞いて思いました。たしかに、よく考えてみると、典子さんにとって「足でする」ということはあたりまえで、別にすごいことではなかったのですよね。その辺のところをまだよく考えられなかった自分は未熟者だと思うのと同時に、はずかしく思いました。典子さんの言葉の一つ一つから本当に心が豊かなんだということがわかり、私も典子さんみたいな心の豊かな人になりたいと思いました。

● 『典子は、今』その後──典子さんの自伝を読む

　以上が最初の実践の概要です。この実践は、その後も学年が新しくなったり、転勤するたびに必ず行ってきましたが、その間に、典子さんの生き方にも重要な転機が訪れていました。2006年３月に、26年間勤めた熊本市役所を退職し、講演活動に入ったのです。

　そして、その直後に、それまでの典子さんの半生（生い立ち、映画出演とその影響、結婚と子育て、退職するまでのいきさつ、講演活動のようす、現在の心境など）を綴った自伝、『典子44歳　いま、伝えたい～「典子は、今」あれから25年～』（光文社、2006年。その後、増補版『典子50歳　いま、伝えたい～「典子は、今」あれから30年～』同、2011年）を出版し、「スマイルビー」という公式ＨＰも開設しています（ただし、講演活動は終了）。私は増補版の購入に関して「スマイルビー」と連絡を取った際に、16年ぶりに電話で典子さんとお話をすることができました。典子さんは私のことはよく覚えていらっしゃいませんでしたが、その後の私の実践のようすはお伝えすることができました。

　この自伝（初版本）のなかで、私が今後もこの実践を行ううえで重要だと思

ったことは以下の記述です。

<映画「典子は、今」について>
- スクリーンの中の松原典子が「まるでスターのような存在になって」いく「その一方で、典子を演じた辻典子が、得体の知れないなにかと戦い続けていたことについては誰も知らない」
- 「経験したことのない周囲の変わりようにおののきながらも、…日々押し寄せる波に、飲み込まれないように流されないように、自分を守ることに必死」だった（マスコミが求める映画の典子像を半ば強制されるがままに、演じざるを得なかった不本意な自分と訣別を図りたかった）ので、…（長女の出産を機に）マスコミの取材を一切拒み続けた。」
- 「ただ普通の女性でいたかった…普通の生活を過ごしたかっただけ…中傷（にも）めげることなくがんばれたのは、普通の女性であることの喜び、が勝っていたから…日が経つに連れ、確実に自分が強くなっていくのがわか（り）、…普通に恋愛して妻になり、母となり、平穏な家庭生活を手に入れ（た）」
- 「結婚直後から本名の『典子』を平仮名の『のり子』と書き、映画の典子と訣別を図ったつもり」だったが、「この春（2006年）新聞に、市役所を退職して講演活動を始める記事が掲載され」ると、「電話が一週間鳴り続け…人々の心の中に、あの十九歳の典子は未だに息づいて」いた。「以前のわたくしなら…。でも今は不思議と素直に喜べ」た。「映画を観た人々と同じように歳を重ね、やっと今、典子という女性を客観的に捉えることが出来るようになった…今でも典子の存在に元気や勇気を感じてくれる人たちがいる。この事実を受け入れるべきだと考え（た）。映画の典子はいつまでも『元気な、めげない典子』でいい…わたくしですら…広島への一人旅で、大海原に飛び込む、あの勇気に奮起することがある」（7〜10、193ページ）

<母について>
- 「昭和五年（1930年）生まれ…戦時中の動乱期を生き抜いてきた気丈な女性…（二十歳の頃に自動車免許を取ろうと思うような）恐るべき好奇心、チャレンジ精神がわたくしに受け継がれているように思える…素敵な母親」
- 「ときには優しい友だちのようであり、ときには厳しい父親のような存在…そんな母には、わたくしは『独立心が旺盛で一度言い出したら人の話を聞かない』女性と映っているよう」（138〜139ページ）

<熊本市役所を退職した理由について>
- 「退職することは以前から考えて」いた。「なにかまだやってみたかった…なにかをやりたかった…夢や希望はたくさん持って」いる」（10ページ）
- 「ゆうさん（夕川泰博氏・地元テレビ局のレポーターで典子さんのパートナー）に勧められて「昨年（2005年）の八月、（福岡の介護福祉士団体からの依頼で）はじめて講演」をした。「これまで今日のような緊張感、達成感、充実感を味わったことがあったろうか。もしかして以前から漠然としていた『やりたいこと』というのは、このことだったのかも知れない…いや、それは確信に近いもの」だった。「収入の安定より心の躍動を求めていた…そのことがたった一回の講演を体験しただけで、はっきりとわかった…ゆうさんに相談すると、彼も同じようなことを考えていたと賛同してくれ、わたくしと共に、スマイルビーという個人事務所を立ち上げ、その第一歩を踏み出してくれることになった」
- 「子育てが一段落した頃、転機は訪れ（た）。ゆうさんと出会えたことで、わたしの中に眠っていた『やってみる』というチャレンジ精神が再び目覚め（た）。私は、たまたま障害を持って生まれてきた…からこそ貴重な体験ができたこともある。そのような生きようを伝えることで多くの人が元気になるなら、知らない人の前でもしゃべってみたいと思うようになった…挫折しても、からだが不自由であっても、まっすぐに人生を歩んでいけば、道は開けるということを伝えたくなった」（145～147、193～194ページ）

<「のり子から典子へ」の記述について>
- 「思春期以降…精神的な悩みが多くなるにつれ、…悩みは弱音へと変わっていき、障害者であることがたまらなく嫌になって自己嫌悪に陥ったことも（あった）。弱い自分を誰にも見せたくなくて、誰にも相談（しなかった）。…私にとっての理解者は、母親でも、夫でも、友人でも（なかった）。一番の理解者は自分だけ、ずっとそう思ってきた…鏡の中の自分に問いかけても、…映っていたのは…『のり子』なの（だ）。『泣くんじゃない。泣いたって誰も助けてくれないよ、のり子がんばれ！』と鏡を見て叱咤激励したのは、きっと映画の『典子』だったのかもしれ（ない）。…そんな典子…をうらやましいと思ったり、あなたに負けまいと対抗したり、いつもあなたを意識していたように感じて（いる）。今素直に思う…典子、あなたに出会えてよかった」（189～190ページ）

<「今を大切に生きる」の記述について>
- 「わたくしは、自分が障害者であるとは思ってい（ない）。ひとりの人間として、他の人と同じように考え、発言し、行動している…しかし、多くの人は、…わたしを見て障害者と捉え（る）。…このギャップを現実のものとして受け止め、なおかつ健常者と同じレベルで生きようと、開き直ることが出来るまでには相当の時間がかか（った）」
- 「わたくしは自分の意思をきちんと伝えられる人は障害者ではないと思ってい（る）。伝えられない健常者は心の障害者だと思ってい（る）。障害を持っている人は障害者というレッテルに甘んじてはいけない」
- 「漠然とした夢でしかなかった講演が今、こうして実現している…これからも自分の力で活路を開き、未知の目標に向けて歩んでいきたい」
- 「せっかく授かった命、限られた命。いつもいつも、今を大切に！楽しく生きていたい」（190〜195ページ）

『典子は、今』が問いかけるもの──普通教育

　初期の実践時にはなかった、このような典子さんをめぐる状況の変化を踏まえ、この実践も再構成する必要に迫られました。そこで、それから後は、典子さんが出版した本から上記の部分を抜粋した資料プリントを追加し、「続『典子は、今』その後と中学生」として実践しました。そのなかから、その追加資料にも言及した子どもの感想を紹介します。

- 私は映画を見たり、インタビューを聴いたり、プリントを見たりして、典子さんはすごく前向きに生きる普通の女の人だと思いました。五体満足で生まれてきた私は、何も障がいを持たず生まれたのはすごいなと、テレビを通して、典子さんを含め障がい者を見るたび思います。私は障がい者じゃないので、典子さんを含め、障がい者の人たちが障がいのことをどう思っているのかはわからないけれど、プリントにあった、典子さんが思ったように、『普通の人』でありたいのは、障がいを持っていても、持ってなくてもみんな同じなのかなと思いました。私は典子さんの生き方にふれて、障がい者の人たちが、『障がい者』と思うのではなく、『普通の人』だと、障がい者の人たちそう思えるようになってほしいと思いました。

　この感想文を読んで私は、「普通」という言葉こそ『典子は、今』と『自伝』を貫くキーワードではないかと思いました。というのは、私は『典子は、

今』を教材とした最初の実践を紹介した拙著『人間を育てる社会科』(地歴社、2008年)の末尾に「『人間を育てる社会科』の実践が広く行われるためには、そのような実践を行う根拠が明らかにされなければなりません。その根拠は、根本的には子どもの願い(子どもの存在そのもの)に求められるにしても、…とくに憲法第26条(普通教育)の内実を探究することが不可欠だと思っています。」と記し、私なりに普通教育の内実をつかみ取ろうとしてきたのですが、以下に述べるように、私が理解した普通教育の内実はまさに、典子さんが『自伝』であらためて確認し、子どもが共感を寄せた「普通の人」の実現をテーマとしていたからです。

●普通教育の内実とは

日本国憲法第26条第2項は、国民には子どもに「普通教育を受けさせる義務」があると定めています。そして「普通教育」の意味については、事実上の公権的な解釈書である『教育基本法の解説』(1947年)に次のように書かれています。

「普通教育とは、人たる者にはだれにも共通に且つ先天的に備えており、又これある故に人が人たることを得る精神的、肉体的諸機能を十分に、且つ調和的に発達させる目的の教育をいう」

やや難解な表現ですが、要するに普通教育とは「子どもがだれでも生まれつきもっている人間としての能力(諸機能)を育てる(調和的に発達させる)教育」だということです。言い換えれば「普通教育」とは「子どもから出発」する教育だということです。そしてその教育は「普通教育」ですから、「子どもから出発する普通教育」ということになります。

ここで、普通教育の内実をつかみ取ろうと、精一杯授業実践を進めてきた者として、是非伝えておきたいことを記しておきたいと思います。

まず、普通教育の意義からも明らかなように、子どもから出発する構えが大事です。子どもの目線に立って子どもと日々接していると、子どもという存在が、日々未知の世界を自分の力で発見することや自分の成長を願い、今までわからなかったことがわかったり、できなかったことができるようになって成長したことを喜んだり自負したりする存在であること、言い換えれば自己の成長を欲し、喜びや自負心・誇りを日々感じながら能動的に発達する主体であることを実感します。

そして、子どもは発見したことや学んだことを仲間どうしで共有することを

喜ぶ（能動的に連帯性や社会性を発現する）存在であり、「普通」という基準を自己定義できる存在であることを示してくれます。

　共有する対象は教材であり、その教材は子どもたちに伝えたい人類の文化財です。したがって、もし授業のなかで教師（や大人）と子どもたちが教材に対して共有感覚（教師と子どもたち全員の気持ちが共鳴しあうような共通感覚）を持ったとしたら、それは、その教材に結晶した人類文化とその意味が「継承」されたということです。そして、その積み重ねを通じて一人ひとりの子どもが人類文化というバトンを受け継ぐ「歴史のリレーランナー」へと成長していくのです。そしてそこが普通教育のゴールです。ですから、その地点でお互いは「普通の人」であることを自覚した者どうしです。かつては共同体の生産活動のなかで大人たちが媒介になって自然に子どもたちに伝えられたことが、現代においては教師（や大人）によって自覚的に行わなければならなくなったのです。

　このように、私は日々の授業実践のなかで「子どもとはどのような存在か」がしだいに明らかになるなかで、意識的、意図的に私と子どもたちが対象（教材）を共有しあうような授業展開を心がけていくようになりました。交流授業と名づけています。

　たとえば、子どもたちがどう見るか聞いてみたいと思った映像（番組）を授業のなかで見せて、その感想・意見を書いてもらう。そしてそれを発表し合うことで、仲間どうしの交流を図る。その際私は、一人が発表した後、次の発表者を指名する前に、みんなの前で必ずその発表内容についてのコメントをするようにしています。ここで教師と子どもが交流します。この授業の特徴は、授業のなかで独特の共有・共通感覚が生まれることです。これを私は「学びあう共有空間」と名づけています。これが生まれる瞬間は必ずといっていいほど教室中がシ〜ンと静まりかえります。

◉おわりに——『典子は、今』を教材として使う場合の留意点

　映画『典子は、今』（制作された1981年は「国際障害者年」）を教材として使う際には、いくつかの留意点があります。これから実践しようとする読者のために記しておきたいと思います。

　（1）典子さんのお母さんは、典子さんがこの映画に出演することに反対していました（前述したように私の電話取材のなかでお母さんが語っている）。それはなぜかを子どもたちに問いかけ、お母さんの心情（典子さんに対してもっ

ている一生拭い去ることができない"自責の念")を子どもたちに想像させたい。この問いは、思春期に入った子どもたち自身が自分の親子関係を見つめ直す(問い直す)きっかけにもなると思います。

(2) 大筋で実話がもとになっていますが、「通勤バスでのできごと」だけでなく、映画特有の脚色や演出が随所に見られるので、子どもたちが映画と現実とを混同しないように(障がい者の抱える問題の本質を見誤らないように)、事前・事後学習のなかで教師が映画の意図を補足することが不可欠です。「通勤バス」以外では、たとえば次のような点が指摘できます。

この映画のテーマの一つが典子の"自立"にあるので、現実以上にそれを強調しすぎるシナリオや演出になっている部分があります。その典型は、この映画では一度も「トイレに行くシーン」が描かれていないことです。「パンツの上げ下げができない」ことを理由に養護学校への入学を拒否されたことは描かれていましたが、普通小学校入学後から高校まで、学校のトイレはお母さんが付き添っていたのです(これは典子さんの自伝にも書かれており、お母さんも語っていますが、働きながらこの負担をやりつづけたことを考えると、お母さんの苦労は想像を絶するものです)。

この点で、映画のなかで、入学を許可するかどうかの「知能」検査をした時に校長が言ったセリフ=「この子に障がいはない。腕がなくて不便なだけだ」には強い違和感を覚えます。もし、このようなセリフを言いたいのであれば、正確には(普通小学校の学習についていけないような)『『知的』な障がいはない」と言うべきではないかと思います。同じ人間として見ることと「障がいがない」こととはまったく別次元の問題です。ちなみに「障がいも一つの"個性"」という言い方がありますが、(障がいのある人自身が自分で言うのは別として)私はそれにも同意できません。「障がい」と人格的「個性」を同質のものとして論じることに欺瞞を感じるからです。「個性」と言えるほどに普通教育を充実させることが先決なのです。

(3) お母さんのお話では、典子さんが広島に行ったことがあるのは事実ですが、その際も、もちろんお母さんが同行しており、決して映画で強調されているような"典子の自立の旅"ではなかったのです。新幹線のシーンでも、一番問題になる肝心のトイレのシーンはカットされています。お母さんはこの映画をどのように見られたのでしょうか。典子さんの自伝には、「母も最初から最後まで全く表情を変えずに観ていました」(93ページ)とあり、この映画について何も語っていないのが気になります。

(4) 映画でも導入の部分で多少扱っていましたが、この「サリドマイド被害者」問題は、戦後の薬害問題の原点として、その後のスモン病、薬害エイズなどにつながる大きな社会問題であり、意識的に戦後史学習や公民の憲法学習とリンクさせて深める必要があります。問題を発生させている構造は変わっていないのです。この点で大人の責任が今も問われ続けています。

(滝口正樹　東京都板橋区立桜川中学校)

─── ◉ポイント◉ ───

　本文の記述内容に関して補足するとすれば、以下の4点であろう。
　第1点は「普通」という言葉の意義についてである。従来「普通」とは世間的外在的基準のように理解されてきたが、典子さんは「普通」という基準は、まずもって自己規定であることを主張しているのではないか。たしかに「普通」とは「普(あまね)く通じる」という意味だから、普通という基準は自分も含めて通じるものでなければならないはずだ。典子さんは自伝に「日々押し寄せる波に、飲み込まれないように流されないように、自分を守ることに必死」…「ただ普通の女性でいたかった」と書いている。「普通」を「普く通じる」ものとして通用させることがいかに大変なことかがわかる。典子さんは子ども社会に通用していたはずの「普通」を必死に守ろうとした。典子さんが「自分の意思をきちんと伝えられる人は障害者ではない…伝えられない健常者は心の障害者」と書いているのは、意見表明して「普通」の形成にかかわれないような障害こそが克服されなければならないという意味であろう。
　最近は若い世代に「普通においしい」と言うような表現をする人が現れ、「普通」に含まれる自己基準(自己定義)が意識されるようになってきた。憲法が定める「普通教育」も、このように自らその形成にかかわっている「普通」の意義をふまえてその内容をとらえるべきなのであろう。
　第2点は、憲法第26条第1項に「すべて国民は、法律の定めるところにより、その能力に応じて、ひとしく教育を受ける権利を有する」とあるが、典子さんのお母さんこそ「能力に応じた教育」の実践者と言えるのではないか。つまり「能力に応じた教育」とは、その子に合ったやり方で普通教育を受ける権利を保障したものと解釈すれば、「足にスプーンをにぎらせ、はしをにぎらせ、読み書きそろばんを教え…た」典子さんのお母さんはまさに憲法第26条の実践者ということになる。その苦労は典子さんに「すまない」といつも思わせるほどのものであったが、典子さんは学校生活を「普通に、まわりの人たちと同じように過ごし…とくにいじめられることもなく、自然体で…生活できた」のだ。学校の子どもたちは学校で接していた典子さんのお母さんから大切なことを学んでいたに違いない。
　第3点は、典子さんの学校生活を普通教育の実現態ととらえると、典子さんが自伝で確認していることの意味が明らかになるのではないか、ということにかか

わる。

　憲法の普通教育条項は教育界で忘れられて久しく、典子さんが在籍した学校で普通教育が自覚的に実現されていたと見ることは難しいが、しかし「映画の典子はいつまでも『元気な、めげない典子』でいい…わたくしですら…広島への一人旅で、大海原に飛び込む、あの勇気に奮起することがある」。「中傷（にも）めげることなくがんばれたのは、普通の女性であることの喜び、が勝っていたから…日が経つに連れ、確実に自分が強くなっていくのがわかる」という典子さんの伝記の一節を読むと、典子さんのなかに子ども時代に育った普通の力がその後も生き続けていることがわかる。これは滝口さんが大人になっても忘れない"忘れ残り"と呼んで、それを子どもたちのこころに残すことを教育実践の目標にしてきたことと重なる。この"忘れ残り"こそ人間としての誇りや生きていく上での判断基準（滝口さんの言う"物差し"）となるものであろう。

　典子さんが自伝で「典子を演じた辻典子が、得体の知れないなにかと戦い続けていた」というのは、やり方は違ってもみんなと同じように「普通の人」になっただけなのに、そのことを賞賛する、言い換えれば体にハンディのある人を一段下に見るような対応（そのような大人社会）への典子さんのプライドをかけた戦いだった。そして典子さんはそれぞれの人がもつプライドを思いやる（想像する）力を学校教育で育ててほしいと語っていたのだった。

　第４点は、普通教育と道徳教育の関係をどうとらえるかという問題にかかわる。滝口さんは映画『典子は、今』を鑑賞する前後の学習をおもに道徳教育として位置づけ、毎年のように実践してきた。そこから言えることは、この実践は始まりは道徳教育であっても、普通教育として総括する他ない展開になるということであろう。普通教育と道徳教育の関係について、滝口さんも引用している『教育基本法の解説』はどう説明しているかを見ると、「人格の完成」（普通教育の目的を表現した言葉で、現行の教育基本法にもこの用語は引き継がれている）の意味を解説した箇所に次のようにある。

　「人格は…あらゆる人間の諸特性、諸能力を含むものであるから、『人格の完成』は、真、善、美の価値に関係する科学的能力、道徳的能力、芸術的能力などの発展完成である。したがって、人格の完成という理念のうちに科学教育、道徳教育、芸術教育などの原理が含まれているというべきである。」

　つまり、道徳教育は科学教育・芸術教育とともに普通教育に含まれていると言うのである。このことは滝口さんの道徳教育実践において普通教育の原則である、「子どもから出発すること」と「学びあう共有空間の創出」の必要性が確認されていることや、教科教育で道徳的判断が必要になったり、道徳教育で美的判断が必要になったりする場面があることを考えれば納得できることである。

　　　　　　　　（この記事は滝口さんの話をもとに編集部がまとめました）

●私の道徳教育授業構想●

はじめに

　私は普通教育論を研究テーマにしている教育学者です（普通教育については『普通教育とは何か――憲法にもとづく教育を考える』〔増田孝雄氏と共著、2008年、地歴社〕参照）。

　道徳教育は普通教育の基軸をなすものです。子どもから出発する普通教育は近代民主主義思想の最良の教育理念であり、そこには道徳教育思想も含まれています。日本国憲法にも普通教育という用語が用いられています。

　学校教育における道徳教育は、教師の真剣な努力のもとで、「学校教育全体」と「道徳の時間」において多様に行われていますが、いずれであってもとくに重要なことは、道徳教育とは何かを明確にすることです。

　政府文科省は「道徳の教科化」を意図する中で「規範意識の涵養」などを強調していますが、規範意識も理性的な道徳的判断力が育つ中でこそ自覚されていくものです。小論は、普通教育の見地に立って、道徳教育の授業を具体的にどのように構想したらいいのか、を考えてみたものです。

私の構想の前提

　1）現実には「学習指導要領」に主導されている教育課程の枠組みのもとで、実践可能な構想を考えてみます。とはいえ、普通教育の自覚化を目指すが故に将来にわたっても実践的に有効な構想になり得るはずです。

　2）学習指導要領には「友だちと仲よくし、助け合う」などという内容項目（＝「徳目」）がたくさん掲げられています。「助け合う」それ自体は「行為」にすぎませんが、「内容項目」とされることで「助け合うことは善いことだ」、さらには「学習指導要領の見地から見て助け合うことは善いことだ」と理解することが求められることになります。「内容項目」上の「行為」はこのように「誰かにとって善いこと」とされる行為、を意味しています。「助け合う」と言っても、助け合う当人にとっての内面的動機は問題にされることなく、国や社会にとって善いと思われる「助け合い」行為が求められることになります。このような「徳目」を基本とする道徳教育は根本的に見直されなければなりません。

授業を構想する

　私の「構想」では、「内容項目」から「行為」を取り出し、それぞれの項目の末尾に「～することは人間として善いことか悪いことかを判断できる能力を育てる」というフレーズをプラスして、それを道徳の時間の「授業のねらい」とします。

　ひとつの「内容項目」にはしばしば複数の行為が含まれ、小・中学校で計200以上の「行為」が掲げられています。しかしそれらに限定される必要はありません。「生きる」「食べる」なども含め、まさに社会生活の中でのあらゆる行為について道徳的に判断できる能力を子どもたちは習得していくことが求められるのです。

現行小学校学習指導要領「道徳」〔第3学年及び第4学年〕にある「自然のすばらしさや不思議さに感動し、自然や動植物を大切にする」という「内容項目」を取り上げてみます。
　まず、この「内容項目」から「動植物を大切にする」という行為を取り出すことにします。「動植物を大切にする」とはどういうことでしょうか。これは結構難しく複雑な問題なのです。「動植物を大切にする」ということは理解していても、動物を捕らえ草花を摘んで食用にすることをどう考えるかと子どもたちに問いかけてみると「分かんない」などが返ってきます。
　そのことに留意して、授業に先立って、周囲の人々（仲間、家族、知り合い）がどのように感じ、考えているかを聞いてきてもらうことにします。そのことが実は現実生活を幅広く理解し、自分の周囲にさまざまな考え方があることに気づく重要な機会にもなります。
　いろいろ聞いてきたり調べたりしてきた話を丁寧に交流し合います。そこでは動植物と人間の関係についての、昔から今日までの生活と生産に結びついたさまざまな事例が挙がるでしょう。それらには総じて大人社会の価値観や観念が反映されています。
　それらをすべて受けとめながらも、子どもたちがお互いに学び合える事例に絞り込み、それらを中心に授業を組み立てていくことにします。そこでは教師の専門性が問われることになります。例えば、必要もないのに草花をむしるのはかわいそう、どんな雑草だって真剣に生きている、摘んできた草花を楽しむ人がいる、薬やお酒などに草花は大切な材料になっている、草花には人々にとって有害なものがある、草花は芸術を生むパワーにもなる、などさまざまな感じ方があることについて想像力を広げ理解を促します。
　授業では、さまざまな感じ方を起こさせる行為について、子どもたち自身にとって、快感を感じられる行為と不快を感じる行為に分けながら、一方が「善いこと」、他方が「悪いこと」として言われていることについて仲間どうしで確かめ合うことによって、その意味が理解できるようになります。こうした学び合いを中心にすえると、学年が進むにつれて、自分たちにとってだけでなく、**だれでも人間であれば**という普遍的なレベルで、つまり人間性のレベルで善悪を判断できるようになってきます。
　道徳の授業と並行して、他の教科の時間などでも、道徳的判断力の育成は必要です。子どもたちの内面ではそれぞれの学習内容が相互に密接に関連し合い、結果として自らの判断で主体的に道徳的判断力を形成しています。
　大切なことは子どもたち自身の時々の道徳的判断力に依拠し、学年・学校全体での学習課題につなげることだと思います。子どもたちのためにも、これからの社会のためにも。
　　　　　　　　　　　　　　　　　　　　　　　（武田晃二　元岩手大学）

〈付〉
高校の授業で使える絵本

◉はじめに──絵本のもつ力
「パパ、もう一回読んで！」『また同じ絵本？』

間もなく4歳になる娘との毎晩のやりとり。同じ絵本を繰り返し読んでいるのに、いつも目を輝かせながら新しい発見をしていく娘。

子どもを引きつける不思議な魅力をもつ絵本を、高校の授業にも活用できないか。そんな思いからここ数年、読み聞かせを中心に世界史の授業で絵本を活用している。

「絵本があることで世界史を楽しく学べる」「ちょっとした息抜きにもなって、授業へのやる気が高まる」絵本を活用することに対して、実際に高校生も好意的な感想を残している。

そこで本稿では、世界史の授業でどんな絵本をどのように活用したかを提示するとともに、絵本が高校生の学びにどのような効果をもたらしたのかについても考えてみる。

◉絵本をどのように使ったのか（1）
① 『おじいちゃんのおじいちゃんのおじいちゃんのおじいちゃん』（BL出版）

4月の授業開きで読み聞かせをする絵本。

タイトルにあるように、「ねえ、おじいちゃん。おじいちゃんのおとうさんはどんなひと？」「ねえ、ひいおじいちゃん。ひいおじいちゃんのおじいちゃんはどんなひと？」…と、5歳のぼくが質問し続けると、その行きつく先はおさるさん。

延々と続くセリフとともに、時代背景をユーモラスに表したイラストが、緊張する最初の授業を和ませてくれる。

「世界史は楽しそう」と、まず生徒に感じてもらえると同時に、自分と遠い昔に生きた人びとがつながっていることを伝えてくれ、歴史学習へのよい導きにもなる。

② 『１２の星のものがたり』(にいるぶっくす)
　授業で読み聞かせた絵本は必ず回覧する。後ろの席の生徒には絵がよく見えないこともあるし、何より一人一人が絵本を手にとって、何かを感じとってほしいからであるが、1時間の授業ではとても回覧し終えないのがこの絵本。
　自分の星座にまつわるエピソード、さらに気になる人の星座もチェックしてと、クラスによっては何時間も回覧することになる。
　活用方法は、古代ギリシャ史の導入として、牡牛座を読み聞かせる。お姫様に恋したゼウスが、牛に姿を変えつつ告白するというストーリー。恋に、嫉妬に生きるギリシャの神々。オリエントの神との違いをつかませたい。
　また、フェニキアなどの既習の用語が出てくるのもいい復習になる。

③ 『アンナの赤いオーバー』(評論社)
　「糸を紡ぐ」「布を織る」といった技術を人間は進歩させてきた。とりわけ産業革命を学ぶ際には、「糸を紡ぐとはどういうことか」をイメージしておく必要がある。そんな時に役立つのがこの絵本。
　娘アンナのオーバーを手に入れるために、お母さんが糸紡ぎのおばあさん機屋さんを訪れるというストーリー。糸紡ぎなどモノづくりの様子がイラストに示されていて、生徒も「糸から服になるまでかなり時間をかけてつくった昔の人の苦労が少しわかった」と感想を残している。

④ 『探し絵ツアー　歴史をひとめぐり』(ぶんけい)
　古代から現代まで、見開きページごとに人びとの暮らしや、町並みなどの様子を伝えてくれる絵本。探し絵になっているので、カラーコピーして二人に一枚ずつ配布。
　『領主はどこにいる？』『ニワトリはどこ？』と発問すると、生徒たちはワイワイいいながらそれらを探し、その時代にのめりこむ。
　実際に活用してみて、「(メソポタミアの) 都市のくらし」「村のくらし (中世ヨーロッパ)」「工場の街 (産業革命)」が生徒の反応もよく、イメージ作りにも有効であった。
　「絵本を活用することで、リアリティに近い形で学ぶことができ、イメージしにくいこともわかりやすくなる」「習っている国や時代にどういうことが行われていて、どういう思想があったのかわかりやすかったし、純粋に絵本がおもしろいと思った」。
　これは、〈世界史の授業で絵本を活用するメリット〉をアンケート形式で生徒に聞いた際に書かれたものである。

以上の①〜④のように、動機づけ・歴史へのイメージ作りとして、私は読み聞かせを中心に絵本を活用することが多い。生徒の感想からも、この活用方法の効果は高いことがわかる。

　その一方で、「歴史的事実が簡単に書かれているので、正確でないところがあるかもしれない」という感想を書いてくれた生徒もいる。

　実話をベースにした絵本もあるが、あくまで絵本はフィクションであり、この生徒が言うように、史実をきちんと示したうえで絵本を活用することが授業者には当然求められる。

　同時に、絵本の内容と史実とを鋭く見きわめる目も、授業を通して養えればと思う。

　そこで、こうした「鋭く史実を見つめる目」を養うために、絵本をどのように活用するかを提示する。

●絵本をどのように使ったのか（2）
〈当時の人びとのくらし、現在の世界や自分に思いを馳せる〉
⑤『三国志絵本　十万本の矢』（岩波書店）

　「中国ならではの知恵を使ったこの話の内容に興味をもった。時代背景だけでなく、その時代の人びとの考えなどのも関心が持てるような絵本は、世界史をもっと学びたいと思うきっかけにもなります」

　これは、『三国志演義』にもとづいたこの絵本を読み聞かせたことへの感想。この生徒が言うように、この絵本は中国統一をめざし、登場人物が知恵や策略をめぐらす様子を伝える。

　同時に、生徒は自分の生き方や価値観に照らしあわせて、登場人物の生き方に共感し反発する。

　このように、絵本には単なる興味関心やイメージ作り以上に、生徒自身の生き方や価値観に訴える力がある。そこで、そのような絵本を発掘し、世界史の授業への活用方法をさらに考えていくことが、現在の私の課題である。

　最後に、このような問題関心の下で私が試みた活用例を紹介してまとめに代えたい。

⑥『グリム童話』など

　中世ヨーロッパの授業では、『ヘンゼルとグレーテル』『ブレーメンの音楽隊』『こびとのくつや』『ジャックと豆の木』などの絵本を紹介する。なじみのある絵本だから、『この後どうなる？』などと発問しながら生徒を物語に引きこめる。

　学習のまとめとして、生徒同士でアイディアを出しあい、この時代を特徴づけるキーワード（教会など）を使いながら農奴を主人公とした童話をつくらせる。その際、絵本を活用したことがその手助けとなる。

　次の文章は、実際に生徒がつくった童話である。

　「10月の夜、ネロは教会で祈りをささげていた。家畜の豚や牛を大切に育てるあまり、あの意地悪な領主に渡すのが嫌になっていたのです。

　悪天候が続いていたので作物の蓄えも少なく、家畜を貢納しなければ自分が殺されてしまいます。

　いろいろ悩んだ末、ネロは動物たちと森の中へ逃亡することにしました。残り少ない食料をもって、動物たちと森の中へ入っていきました。暗くて恐ろしいオオカミの泣き声がする森の中へ…

　しばらく歩いていると、焚火の音がしてきました。茂みからのぞくと、旅の商人らしき人が野宿の準備をしてるところでした。商人がネロに気づき、『こっちに来ないか』と声をかけてきました。

　ネロは言われた通り進み出ました。ネロは商人と話しているうちに、自分がどうしてこんな夜遅くに森の中にいるのかを話しました。すると商人は、ネロのような農奴たちが集まってつくった村があることを教えてくれました。

　次の日、ネロたちはその村を目ざして旅立っていきました。ネロたちの自由をつかむための旅が始まったのでした」

⑦『あなたがもし奴隷だったら…』（あすなろ書房）

　時には、絵本に描かれた1枚の絵をじっくりと見て、思いをめぐらせたい。この絵本は、「あなたがもし…」と想像することを投げかける。

　奴隷とされた黒人たちが鎖につながれ競売にかけられるシーンから、この人びとの痛みや怒りを想像させ、生徒の心に「なぜ？」「どうして？」といった気持ちを湧き起こさせる。そこから授業に入りたい。

⑧『ぼくがラーメンたべてるとき』(教育画劇)

①の絵本と同じ作者で、独特のタッチのイラスト。産業革命のまとめとして活用した。

「ぼくがラーメンをたべているとき、ある国ではパンを売っている女の子がいて、そのまた向こうの国では空腹で倒れている男の子がいる」というストーリーを読み聞かせる。その後に次のような問いかけをした。

「この男の子はなぜ倒れるほど空腹なのだろうか」「わたしたちが手軽に食べられるラーメンの原料はどこから来るのだろうか」(日本の現在の食糧自給率が4割を切っていることもここで指摘)

最後にフェアトレードという貿易の在り方について説明すると、生徒は次のような感想を残した。

「私たちが安く買ったりできる背景には、発展途上国の人びとの労働(低賃金)がある」「私たちが安いものばかりほしがると、発展途上国の人たちがもらえるお金が少なくなるとわかり、自分のためだけで安いものを買うのはだめだと思った」

「この前テレビで見ていたら、幼い子供が働き、兵士となって戦地へと出ていて、この絵本と通じる話だなと思った。でも、フェアトレードを進めれば、こうした子は働かなくてもよくなるのか。子どもまで利益が届くのか」

最後の生徒の意見は、フェアトレードに疑問を呈しつつも、どの国もお互いに貿易を通じて発展するために本当に必要なことは何かを、自分なりに真剣に考えた意見だと思う。

このように、「なぜ?」「どうして?」を、さらには「私たちにできることは?」「しなければならないことは?」も生徒の心に湧き起こしつつ、今日の南北問題の原型は産業革命にあるという視点をつかませることが、この絵本の読み聞かせを通じて少しはできたのではないかと思う。

(良知永行　静岡県立磐田南高校・実践は前任校でのもの)

●ポイント●

　教師が注入し、生徒が暗記し、その歩留まりをテストで評価する。そういう「教室授業」を越えてどう学びの交流をつくり、心情を耕し、歴史と世界への目を開き、生き方や価値観を問い直し、内と外へのソフトな道徳性を育てるのか。良知さんが、その手だての一つとして行ったのが『絵本』授業である。
　実践の具体的メリットは３つあると、実践者は述べる。
①「世界史は楽しそう」とまず生徒に感じてもらえる。
②学習する国や時代をリアルに学べる。
③絵本の内容と史実を鋭く見極める目を養える。
　では、さまざまな絵本と出あう中で生徒はどんな反応を示すか。実践者はさらに２つのことを指摘する。その一つは、自分の生き方や価値観に照らし合わせて登場人物の生き方に共感し反発するということだ。(『十万本の矢』)
　二つ目は、「なぜ？」「どうして？」「私たちにできることは？」「しなければならないことは？」という懐疑や実践への思いを生みだすということだ。(『ぼくがラーメンをたべてるとき』)
　そこにどのように双方向の学びがつくられ、「童話」の創作につながり、自分の生き方との対比が深まるか。ここには、中学での小堀実践（朗読「腑分け物語」）とはまた違った角度からの「高校世界史教育と道徳」に関する提起がふくまれている。
　高校での道徳教育は、一面においてこうして歴史や世界との切実な関係性を自覚した生徒自身の学びの上につくられるのではないだろうか。

第4章
心に残る手紙・歌・朗読を教材に

❶ 日本一短い手紙に込められた思い

—— 道徳授業を国語授業につなぐ（小3）——

◉ 感謝・思いやり

　『日本一短い手紙　「友へ」　一筆啓上』（丸岡町文化振興事業団刊）に次の手紙がある。

> 探し物、夜遅くまでいっしょに探してくれたね。大切な物が見つかったよ。
>
> （加藤　歩　14歳）

　音読させ、『「探し物」は見つかりましたか』と発問する。そんなのかんたんだと言わんばかりに3年生の子どもは答える。
　「見つかりました」
　『なるほど。では、あなたはどう思う？』と、他の子につなぐ。やはり、「見つかりました」という答えだ。勢いだけで発言しがちな3年生は、その後も得意げに同じ答えを言う。
　せめて、その理由でも答える子が現れないか。もう少し辛抱する。だが、私の指導の至らなさで、そういう発言が出てこない。
　こうして、「見つかりました」の声が支配的になったころ、つぶやきが聞こえてきた。最後列、教卓から見て右側。声の主は荒田さんであった。
　『おや？　違う声が聞こえてきます。耳を澄ましてごらん』…騒がしかった教室が静まった。
　『どうぞ。つぶやいた人』と発言を促す。「…見つかってないと思います」消え入るような声である。それはそうだ。四面楚歌のような状況で発言するには、どれほど勇気がいることか。
　『「探し物」はみつかっていない。荒田さんはそう言ったんですね』
　確認する。そして沈黙する。「見つかりました」派は、いぶかしげなまなざしに変わった。もう一度、文意を確かめる子も出てくる。
　やがて、これまで発言を控えていた子の中に、うなずきが生まれた。声高な

意見の底の浅さにようやく気づいたようだ。

　これで、ことばというものに着目する足がかりができた。『「大切な物」＝「探し物」なのですね？』と問う。いつも、考えるより先に手をあげてしまう牛田君が、自分の誤りを取り戻そうとしどろもどろで奮闘する。

　それを受けて水口君が、「探し物」と「大切な物」とは別物で、「大切な物」は手に取れるものではないんだ、と核心に迫る。

　『どうですか。水口君の今の発言は？』

　合点が行くといった表情が教室に広がった。それ以後、発言が続々と生まれた。どれも隔靴掻痒の感が伴う発言ばかりではあったが、言いたくてたまらないという意欲だけは強く感じた。

　物理的な「探し物」は出てこなかった。その代わり、いっしょうけんめい探してくれた友達の思いやり（「大切な物」）に気づいた。たった二文・３４文字で相手の心に届くことばである。まさに、簡にして要を得た手紙だ。

　続いて、資料「あのおばさん　一生忘れない」（新聞投稿）を紹介する。

あのおばさん　一生忘れない

　雨の日の夜、僕は塾の帰りに自転車置き場で手がすべり、自転車のカギをなくしました。木の根元をおおった網の中に落としてしまったのです。

　雨が激しく降ってきてびしょびしょになるし、ダンゴ虫もいっぱいいて、泣きそうになりました。そうしたら、お母さんよりちょっと年上のおばさんが、通りすがりに「どうしたの？」と声をかけてくれました。

　事情を説明すると、おばさんは自分のかさで取ろうとしてくれましたが、なかなか取れません。

　すると、近くのお店から懐中電灯、電池、そして長い定規を買ってきて、ようやくカギを取ってくれました。おばさんの手は土だらけ、身体も雨でびしょぬれでした。

　僕はどうお礼を言ったらいいか分からず、住所や名前を聞くのも忘れ、ただ「申し訳ありませんでした」「本当にありがとうございました」としか言えませんでした。

　僕はそのおばさんを一生忘れないと思いました。これから僕も、どこにいても人を助ける優しい人になりたいと、心の中で決心しました。　　　（東京　ＯＹ　11歳）

　思いやりとはどういうことか。その感謝の気持ちをどう文に表せばよいか。イメージが次第に明らかになってくる。

　次の時間は、国語「お礼の手紙を書こう」の授業に移り、自分の例に置き換えて感謝の手紙を綴る。こうして、道徳の授業は教科の学習につながった。

　　　　　　　　　　　　　　　　　　　　　　　　　　（茶田敏明）

> ●ポイント●
>
> 　「手紙を書く」とは、ただそのスキルを身につけさせるだけではない。そこに心をこめることが大切であることを、どう３年生の子どもたちに気づかせていくか。そう考えた時に、道徳授業を国語学習につなぐこの実践が生まれた。
> 　「短い手紙」には深い思いが込められている。そのことを上から注入するのではなく、かき消されそうな一人のつぶやきを取りあげることからクラス全員に気づかせていく。つまり、発見と驚きと逆転の扉を子ども自身に開かせる。
> 　そうした指導過程の中にも、すでに「互いの人格を尊重」「みなで協力して問題を解明」という道徳性がふくまれている。
> 　そこに生まれた共感をベースに投書を読みあうからこそ、どの子にも思いやりの心情が培われる。では、相手の厚意に対する感謝の気持ちはどう文章で表現すればよいか。
> 　続く国語の時間に各自が書くお礼の手紙は、自己が受けたそれぞれの親切・思いやりを想起し、それに応える深い感謝がうかがわれるものとなっていった。

② 心の扉をひらく歌
――― 自律性と共同性を育てる（小4）―――

◉暗中模索のスタート
　10年ぶりに特別支援学級の担任になった。言葉による交流がむずかしい4年男児2名の自閉症・情緒学級である。
　始業式の日、Bの激しいパニックに呆然と立ちつくした。ふだんは穏やかなのに突如（のように見える）始まるパニックは、12月まで1日1回超、40〜50分間続いた。
　Aも落ち着きがなく、朝の会などではしゃいで飛び出したり大声を出したりした。語りかけてもオウム返しで返ってきてしまい、交流にならない。
　3年間続いた前担任から4年になって新担任に交代したことに加え、午後に体育や陸上大会の練習が入るなど大きな環境の変化があったのだ。何かを訴えているのに分かってやれない切なさ（分かってもらえない切なさ）を、お互いにかかえながらの日々が始まった。
　何をしていけばいいのか見当もつかなかったが、歌を大胆に取り入れて、ゆったりやっていこうと考えた。

◉歌を活かして
（1）遊び活動や生活単元を切り口に
　まずはじっくりと実態把握に努め、1日1活動をきっちりやろうと考えた。春を探しに毎日校外へ出かけながら、遊びの活動や生活単元を組んでいった。
①走れ！いでゆ1号　〜遊び活動「遠足に行こう」〜
　春の遠足は電車に乗って海に出かけることになった。♪『遠足に行こう』を毎日歌いながらとりくみを進めた。電車に乗ることが楽しみになるように電車の図鑑を見せたが、乗ってこない。そこで、実際に電車を見ようと駅に出かけた。
　しかし、Bはホームでパニックになってしまった。見るだけで乗らなかったからだろうか。活動の難しさを痛感した。

翌日、段ボール電車を作った。段ボール箱に穴をあけたり色を塗ったりする作業は、道具を上手に使ってできた。2両編成の段ボール電車は「いでゆ号」と名付けた。

ふだんはほとんどかかわらない2人だが、いでゆ号に乗ると、息を合わせて歩いた！　心をつなげて走るいでゆ号の歌ができた。♪『でん車が走る』だ。授業の始めに歌う。2人ともいい表情で聞いていた。

いでゆ号が走る

教師の歌いかけを受け、走る。運転手は、自然と譲り合うように交代していた。

職員室、図書館、体育館、砂場と、いろいろなところに出かけ、遊んだ。雨の昼休みには、遊びに来た通常学級の6年生といっしょに乗って楽しみ、電車を通して交流が広がった。

② 野菜の名前を覚えた！　〜生活単元「やさいをそだてよう」〜

夏に向けてベランダや裏山わきの畑で野菜を育てることにした。

Aは、種を買いに行ったとき予定になかったとうもろこしの種袋を手放そうとしなかった。育てたい野菜をカードを見て考えたときには分からなかったが、それだけイメージができていたのだ。作りたいという気持ちを大事にしい。

一方、B児はカードを見ても関心を示さない。水やりは好きなので、野菜の名前がたくさん出てくる歌があるといい。

♪『畑で作ろう』ができた。なす（なす）きゅうり（きゅうり）…と追いかけて歌うと言葉が出やすいだろうと考えた。授業の始まりや畑へ向かう道で歌った。子どもたちは何回か聞くうちに**出てくる順に野菜の名前を覚え、つぶやいて歌うようになった。**

この歌は、単元の初めにできたので、歌詞の中にとうもろこしを入れなかったことが惜しかった。とうもろこしはイノシシ害で全滅。だが、Aにショックは見られなかった。

種を買うときに見せた愛着心が萎えてしまっていたとすると、とりくみに甘さがあったのだと思う。場所もよく考えればよかった。ゆでたてのとうもろこしを前にして歌いたかった。

◎朝も歌う、帰りも歌う

① 立って歌う！そしてリクエスト！ ～朝の活動（第1校時）①～

♪『春風にさそわれて』は、毎日歌っている。曲の途中で止めたり、歌い出しの1音を伝えたりして促してきた。朝の歌は、2人ともなぜか座って行儀よく参加していた。

4月の末、Aが席を離れて体を動かしながら歌を楽しみ始めた。

5月の初め、ついにB児も立ち上がって参加するようになった。**自分から立ち上がることも出てきた。**身体の動きで楽しさを表現するようになったことがうれしかった。

朝の活動では、毎日2～3曲歌ってきた。5月末に♪『いでゆ学級の歌』ができてからは、♪『春風に…』と共に朝の歌の定番になった。

そして5月半ば、さらにうれしいできごとが！ 朝の歌の時間に「何を歌う？」と私が何気なく問うと、「はるかぜ（にさそわれて）」とBが言ったのだ。

「え！？リクエスト！？」思わず聞き返してしまった。そこにはBのにこにこ顔があった。**Bが立ち上がりたくなるほど、リクエストしたくなるほど好きな歌ができたこと**がうれしかった。

② Aの思いやり　～朝の活動②～

2曲目の♪『いでゆ学級の歌』は、鈴やマラカスを使って楽しんでいる。

Aは、1曲目が終わるとすかさず後ろのロッカーからお気に入りのマラカスを取り出してくる。歌の間中振って音を出したり、教室内を所狭しと走り回ったりして楽しんでいる。

6月の半ば、**Bの鈴まで出してきて、手渡した。**何という優しさだろう。思わず抱きしめた。Aの思いやりを、Bはにこにこして受け取った。

歌がAのやさしさをさらに引き出し、2人の関係を近づけた。

力を合わせて運ぶ

③ Aの緊張をほぐした「バイバイ」 ～帰りの歌～

ひょうひょうとして、周りの変化にはあまり動じないように見えるAだが、Bと同じように長い間緊張していたのかもしれない。歌にはにこにこしながらも、言葉は出さず、絵を描いてもなぐり描きだった。

それが、変わった。帰りの歌♪『みなさん さようなら』をきっかけに。Aは

元々歌をよく知っていて歌うこともできる。（人と合わせて歌うことは苦手だが。）

「バイバイ」の振りが心の扉を開けたのか、覚えやすい言葉がきっかけを作ったのか。握手のぬくもりと交流がよかったのか…。いずれにしても、4月の終わり、3人で手をつないで初めて歌った翌日の帰り際、**手を振りながら「バイバイ」（うたおう）と催促してきたのだ。**

くすぐり遊びではない普通の歌に。歌の時も「バイバイ」と言いながら手を振った。

これを機に、かたつむりや風船の絵を描き、読み聞かせにはどんどん反応し、歌でも声を出すことが多くなった。**クラスでできた歌を鼻歌で歌う姿も見られるようになった。歌の振りをきっかけに緊張がとれ、力を出し始めたのだ。**

Bや担任と握手しながら。そして、大集団での落ち着きも少しずつ取り戻していった。

◉ 劇を楽しむ、発表する～長い期間かけ作り上げた劇『ありんこぐんだん』～
① 読み聞かせをきっかけに

本校では、3学期に生活科・総合の学習発表会がある。わが学級は昨年度までは、展示のみの発表だった。4年生になり、発表に参加しようと思った。

暗中模索でとりくみ始めたことの一つに毎日の読み聞かせがある。

5月末に『ありんこぐんだん』（武田美穂著／理論社）という、ありの習性を捉えた奇想天外で楽しい絵本に出会った。

Aがのってきた。「ぞろぞろ」「わっはっはっは…」「やってくる」等の繰り返し出てくる、印象的なことばを真似して言い始めたのだ。

2週間を過ぎた頃には、わたしがページをめくろうとすると「のをこえ」などと次のページの言葉を先行して言い始めた。後を追うようにわたしが読むと満面の笑顔で喜んでいる。

本の言葉が早くも入り始めていたのだ。Bもにこにこしながら見ており、やがて「わっはっは」「やってくる」などを口にするようになった。

これならいけそうだ。ほとんどを教師が読むのだが、子どもたちも言葉を発することができるだろう。秋の宿泊交流会や冬の発表会に向け、道が拓かれた思いがした。教師もありんこになれば、何とか「ぐんだん」にもなりそうだ。

6月からは、Aは宇宙に飛び出す場面で、教師を真似て手を口につけ、マイクの音をまねた発声をして喜んだ。絵本の主人公になって遊び始めたのだ。動

きも入れたさらに一歩進めた発表へと夢がふくらんだ。

② 『人前』でも平気になりたい　～前に出てあいさつ～

1学期には市内特別支援学級交流会があり、はじめて参加した。何度も練習したにもかかわらず、緊張のあまりほとんど自己紹介にならなかった。この経験を踏まえ、2学期からは、当番のあいさつや号令を前に出て行うことにした。

1学期は、2人きりなので前に出ても意味がないように思い、教師が前に立って子どもたちのあいさつを促していた。これだと、担任に向かってのあいさつにしかならない。

前に出ても、それほど緊張せずに、教師からのはじめの1音を知らされ、安心してあいさつを言った。早口になってしまうところもやり直すことができた。

前に立つことで視点も変わり、またいつもいる友だちであっても、「相手」として意識していくようになっていったと思う。毎日、毎時間のことなので大きい意味があった。

③ 楽しそうだけど、伝わらない　～宿泊交流会に向けて～

10月末の宿泊交流会に向けて練習が始まった。教師が文のほとんどを音読し、子どもたちは繰り返しのことば等を言えばいいと考えていた。やっているうちに、もっと楽しめるものにしようと思い、歌を作った。♪歌『ありんこぐんだん』である。

本文の言葉がリズミカルなので、ほとんどを使わせていただいた。毎日歌った。何度も歌った。音読している感覚と近いので、子どもたちは楽しそうに体を揺すったり、はしゃいだりしていた。「やってくる」「だめだめ」などは間があいたりはしたが、特によく声を出した。

かぶり物を作り、砂糖は白いクッションを持つことにした。毎日練習し、週に一度顔を出してくれる学校相談員のMさんや保護者に見せた。

「一生懸命さは伝わるけど、何をやっているかわかりにくいなあ。」

M相談員の感想である。確かにひとところに落ち着いておらず、はしゃいで走り回ったり、ものの陰に隠れたり、それぞれが好きなところで声を出したりしていた。

Bは比較的落ち着いて参加していたが、かぶり物を取ってしまったり砂糖のクッションをいつの間にか手放してしまっていたりした。

さとうクッションを持ってはいるが

2人とも楽しんでいるのだが、劇としては伝わりにくいということだ。

そこで、砂糖クッションをサンタ袋に換え、背景に絵本のカラーコピーを数枚配して、2人のイメージの手助けとしたり物語の筋が見る人に伝わりやすいようにしたりした。

サンタ袋はイメージしやすく扱いやすいので、持っている時間が増えた。Aは、何回かやるうちにサンタのように担ぐようになった。

④ いつもと違う場所で発表！山が高すぎる！
〜4校クリスマス交流会（12/18下田小会場）に向けて〜

12月に入り、南伊豆＆下田の4校交流会に向けてとりくみを再開した。以前に交流会が取りやめになりできなかった劇がいよいよ発表できるのだ。

この間に下田小で授業研究があり、劇のとりくみを見ることができた。子どもたちが落ち着いて役割を演じているのに感心した。そうなるような手立てがなされていた。そこで、3点取り入れさせていただいた。

- ・順番を待つためのいす
- ・発表するときの足形
- ・かぶり物をわかりやすくするカラーコピー

特にいすや足形は子どもたちもその役割をすぐに理解し、番を待つときには座っていたり、発表するときにも足形から外れても戻ってくるようになるなど落ち着いて活動に参加するようになったので、発表自体が落ち着いてきた。

この頃、前で言葉を言うことに慣れてきて、「ぼくのなまえは、○○○○です。」などと、2人とも1音ずつ区切って、言葉をつなげて言うことが少しずつできるようになっていた。自信と期待を持って交流会に臨んだ。

しかし、劇は形をなさなかった。Bは急にいらいらし始め、劇をするどころではなかった。Aはざわついた雰囲気に舞い上がってしまって全く落ち着けなくなり、台詞などそっちのけで砂糖袋を解体したりギターの弦をいじったりするなどはしゃいでいた。教師だけがあせりながら話を進め、終わった。

いつもと違う場所での発表が2人にとってどれほどの重荷かということを思い知らされた。

⑤ 安心して力を発揮するために〜校内学習発表会（2/2）に向けて〜

2学期の終わり、隣の1年2組の担任から、『子どもたちが、「いでゆ学級の劇を見たい。」と言ってます。』と持ちかけられた。

『どんぐり発表会でやるからね。』と子どもたちには返事した。発表会では一番いい姿を見せたい。そのために、2人が最も安心してやれる設定は何かと考

えた。

> ・空き時間の職員や当日来られない保護者に前もって見てもらう。
> ・1、2年生に声をかけ、クラスごとに前もって見てもらう。
> ・場所は練習を重ねたいでゆ教室で、本番は1回のみとする。

　また、わたしを入れた3人が歩いて1周する「ぞろぞろ行進」を取り入れた。4月当初2人で唯一遊べた電車ごっこが使えると考えたのだ。電車はなくても、2人は連なって楽しそうに行進した。
　「にこにこ顔のありんこぐんだん」が見ている人たちをぐるりと回ってくるという動きで、劇にめりはりがついた。
　3学期に入って、2人はぐっと演技に磨きをかけた。Aが砂糖袋を器用に担ぐようになってほめられているのを見て、Bも負けじとことばに合わせて担ぐようになったのだ。動きが増えた。Aは、わずかだが「たったった」に合わせて走る動作までした。
　事前に1、2年生等に見せた。大勢を前にしての練習だが、自分たちの教室でやっているからか、どの回も安定して発表することができた。環境整備が進んで、Bのパニックが沈静化し、安定して練習を積めたことも大きかった。M相談員から「すごくよくなったね。」とほめられた。

⑥ 校内学習発表会（2/2）　　～笑顔のプレゼント～
　当日はBの両親をはじめ、立ち見が出るほどの方々が来場した。
　Aは硬い表情だったが、大勢の観客を意識して一生懸命乗り越えようとがんばっていることがよく伝わってきた。
　Bはたいへん余裕があり、劇では終始にこにこしながら練習では言わなかった台詞までしゃべり、かぶり物も砂糖袋も最後まで身につけていた。笑顔を取り戻したAとともに行った「ぞろぞろ行進」は会場中を笑顔の波でくるんだ。みんなへの笑顔のプレゼントだった。
　フィナーレの歌は、1、2年生を中心に参加者みんなも歌ってくれ、大きな温かい拍手をいただいた。
　相変わらず進めるのは担任だったが、落ち着いて役に向かい、笑顔で台詞を言ったり少しだが身振りをしたりするなど、2人が力を出しきり、劇として立派に仕上げたのだ。一つのことをまとめ上げるとりくみの中で、それを楽しむ力や声や動きで表現する力をつけていったのだ。

ぞろぞろ行進がゆく！　　　　　フィナーレは歌♪『ありんこぐんだん』

◉確かな成長に寄りそって

　第一に、歩みはゆっくりでも、この話を劇に仕上げていった2人には無限の可能性を感じる。3人で劇を笑顔で発表できたことが第一の大きな成果だと思う。特に3学期の伸びには圧倒される思いがした。少しずつ内にためたものが一気に花開いたかのようだった。落ち着いてとりくめるようになったり、見通しが少しずつ持てるようになったりした。

　第二に、友だちや教師の様子を見て、ああなりたいと思い真似する様子が顕著に出てきたことに成長を感じる。2人とも12月頃から2語文が出てきた。言葉は以後も少しずつはっきりとしてきて、言葉をつなげて号令がかけられるようになっている。

　さらに、言葉だけでなく、動きがいくつかできたことも成果だった。これも、友だちや教師の動きを見てあこがれ、まねしようという心の育ちが背景にあったと考えている。

　第三に、周りの人を受け止め、合わせようとする育ちがあった。この発表会の直前、帰りの会の歌で初めて2人が歌声を出したのだ。メロディーをつけて！3人で一つの歌を歌い継いだ！大きな喜びだった。

　やがて3人の歌声が重なることも出てきた。友だちや教師と気持ちを合わせようとしていることが感じられた。これも、発表をやり通した自信が源になったのではないだろうか。

　ゆっくりだが確かな歩みを続ける2人に寄り添って、これからも実践を積み上げていきたい。

　　　　　　　　　　　　　　　（金刺貴彦　静岡県下田市立稲生沢(いのうさわ)中学校）
　　　＊この実践は、前々任校の下田小学校におけるものである。

―●ポイント●―

① 子どもは、全生活の中で、他者と関わって学びあいつつ一歩一歩成長し、その全面発達の中で道徳性も養われ、ルールも守れるようになる。

② 教師の役割は、その成長の過程に寄りそい、小さな輝きをも発達の証として評価し、自信と自己肯定感を育てて次の発達段階へとゆっくり子どもをいざなうことにある。

③ その取り組みは担任一人だけで行われるのではなく、他の教師・他学年の子ども・保護者をはじめとする多くの人々との協力によってすすんでいく。その総和の中で、体験活動を基盤に道徳性を培い、道徳律を身につけさせていく。

④ ここでも、「歌」をつくって歌うという担任の「得手」が実践の中に活かされている。それによってどう子どもの心が解放され、自己を律する新しい力が育っていくかその成長のステップに着目したい。

以上の４点を明らかにしたところに、金刺実践の意味がある。特別支援という一つの領域の中に、教育一般につうじる道徳性育成の条理を読み取りたい。

❸ ♪ねがい
── 平和・表現活動（中学） ──

　2001年度、大世紀替わりの年。私が所属した3年生の平和学習から「ねがい」という曲が生まれ、インターネットで世界に広まりました（http://www.jearn.jp/2003conference/negai/index_j.html）。ニューヨークの9.11事件で戦争の危機が深まるなか、広島の中学生の思いを伝えようとした実践でした。生徒の詩や平和宣言を元に作ったオリジナルの歌詞は4番までですが、兵庫県の教員仲間が中心となって「あなたの5番目の歌詞を寄せてください」と発信し、日本だけでなく、世界から2000編以上の歌詞が寄せられました。「ヒロシマから発信する平和」「21世紀のイマジン」「世界で一番長い歌」などと言われ、テレビ番組でも取り上げられ、NHKでは「『ねがい』～ぼくらの歌が世界につながる～」として特集番組になりました。

　その後、日本標準の「みんなで生き方を考える道徳（中学2年生）」の教材として掲載されました。その教材では、NHK特集でも出てきたウクライナ、シエラレオネ、ベトナムを取り上げ、平和への思いを紹介し、最後に五番目の歌詞を考える展開になっています。

　私が転勤した学校で最初に提案したのは、副教材の指導案を省略し、30分程度NHK特集を視聴し、残った時間で五番目の歌詞を考えさせる流れです。それでも指導案の目的はほぼ達成できます。

　「ねがい」は平和学習の導入として有効です。2013年4月、「公益財団法人ひろしま国際センター」から、「平和力」を学ぶ外国人研修生との交流依頼がありました。実施は6月で、ゆっくり準備をする時間はありません。これまで私が行ってきた平和学習（広島市の多くの学校では「平和学習」と名付けた年間2～3時間の特設学習がある）に「ねがい」も含め、2時間の交流授業を作ってみました。

　事前に、副教材になった「ねがい」の指導案を元に学習をします。その最後に、「あなたの願いNo.5を書こう」と「今の日本は平和ですか」という質問を

生徒全員に行いました。また、外国人ゲストティーチャー達にも事前に「ねがい」を伝え、自分の「No.5」を考えてくるようにお願いしました。

　交流学習当日。事前アンケート「今の日本は平和ですか」の結果と生徒の意見をスクリーンに映して紹介します。子どもたちの様々な平和観を確認し、4段階の平和を説明します。①戦争や紛争のない平和。②差別や貧困（戦争につながる対立）のない平和。③いじめや暴力（暴力を許してしまう文化）のない平和。④「当たり前の生活」ができる平和。いろんな「平和」が考えられるなかで、日本は①の平和が保たれた稀有な国であること、どの「平和」も与えられるものではないことを説明します。そして、未来の平和をつくるのが子どもたちなのだから、今から「平和力」をつけようと呼びかけます。いきなり平和観の話から入ると、多くの生徒にとっては机上の空論、堅苦しいものになりがちです。アンケートに記された生徒の言葉をもとに展開すると、生徒の関心は高まりました。

　「平和力」について、中学1年生の発達段階を考えて、次の3点をあげて説明しました。①自分と違う意見も聴き、流されたり騙されずに「判断する力」。②平和のイメージを「表現する力」。歌・ダンス・スポーツ・イラスト・作文・投票など表現方法は様々です。最も身近な表現が自分の口から発する言葉です。③様々な表現活動を用いて「交流する力」。枠を越えた交流が平和力を飛躍的に向上させます。②の例として、美術部が作成した「ねがい」アニメーションを紹介しました。これは、二千以上ある「ねがい」の詩から数編選び、イメージをアニメにしたもので、2年前の国際アニメーションフェスティバルで部門賞を獲得した作品です。③の例として、広島市が中心となって進めている核兵器廃絶の訴えを紹介します。原爆投下について、中国や韓国では「神罰」、米国では「正しい選択」と言っており、日本政府が核抑止論を支持している事実を伝え、広島市の訴えがストレートに伝わっているわけでないことも説明しました。また、安倍総理、習近平主席、オバマ大統領、朴槿恵大統領、金正恩最高指導者のお面を用意し、強気に出なければならない政治家のやりとりをコント風に教員が実演しました。

「平和学習」はお題目と理想論だけの学習では現実と乖離しがちなテーマです。しかし、身近な問題や政治問題と深く関わっていることに気づかせたいと思っています。ここまでの学年平和学習を外国人ゲストティーチャーに見学してもらい、その後、ゲストの自己紹介、それぞれの国の歴史などを簡単に全員で学びます。最後にみんなで日本語の「ねがい」を歌いました。

2時間目は、各学級に分かれて交流します。ゲストの国の簡単な説明は担当生徒がします。ゲストは自己紹介や自国紹介のあと、用意してきた自分の「ねがい」を話します。その後の質疑応答も含め、生徒は日本では考えられないような、戦争や紛争の話を聞きました。本やテレビではなく、直接話を聞くことは、子どもたちの心にストレートに入っていくようです。

後半は、多言語になった「ねがい」をBGMにして、「ねがいバード」に自分の「ねがいNo.5」を記入します。「ねがいバード」は画用紙で作る鳥形折り紙として、2003年に私が考案しました。羽根や胴の部分に詩やメッセージを記入し、モビールにして飾ります。単体では、嘴でバランスがとれるようになっています。最後にそれを交換しあい、「ねがい」英語版を一緒に歌い、交流を終了しました。

「ねがいバード」のモビール

7月、夏休みを直前にした「夏をのりきる会」学年合同道徳で、数人がこの時学んだことをスピーチし、「ねがい」も含め数曲を合唱しました。表現活動を通して平和について考えた思いを深めました。

（横山基晴）

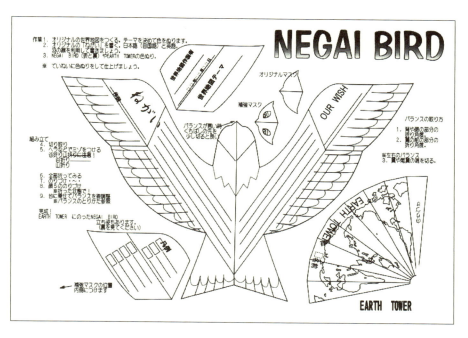
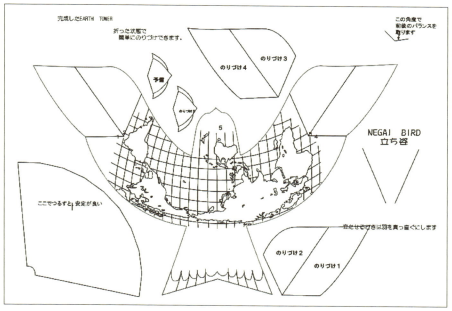

❹ 朗読「東山魁夷―ひとすじの道」
―― 日本の美を求めて（中学）――

　2011年当時使っていた道徳副教材に「日本画の美～東山魁夷」（愛国心）という項目がありました。そこだけ数ページがカラーで、日本を代表する画家の、京都の夜桜や富士山といった日本を代表するような風景画が解説とともに紹介されていました。素晴らしい絵であることは間違いないのですが、それを授業で展開して、果たして生徒の心にどれだけ届くのか、私は自信が持てませんでした。

学生時代の東山魁夷

　しかし、インターネットなどで東山画伯の他の絵や解説、さらに生涯を知り、とても感銘しました。画伯の人生は順風満帆などではなく、大きな挫折もありました。そんな生き様と、その時に描いた絵が人間性を語っているように感じました。この絵を数年前に市が導入した50インチ大画面で見せて授業を展開しようと考えました。しかし、私が感動したことを他の担任が同じように授業で伝えることはできません。さらに、学年で新たに研修する時間も保障されていません。そこで、生涯を物語り風の文章にして、約50枚の作品画像とそれを描いた時の画伯の思いを加えたスライド朗読原稿を作りました。担任は、4頁の原稿を自分のペースで読みながらスライドを進めるだけでよいのです。しかし、原稿を読むだけの教員はいませんでした。朗読原稿に加え、自分の感想や思いを加えて、教材を楽しんで語りました。研修時間が十分には確保できないなか、私としては、視聴覚教材を使った新展開の授業です。

＜朗読原稿＞東山魁夷──ひとすじの道

◐（少年時代の自画像）今日の主人公の少年時代の自画像です。本名は東山紀之。いえいえ、東山新吉。彼は東山魁夷という名前で、日本を代表する画家になっていきます。少年時代、父の遊び癖に悩む母を喜ばせたいと、「大きくなったら偉い人になるんだ」と思い続けます。才能を認めた担任の勧めもあり、画家を志し、東京芸術大学日本画科に進学します。

□（学生時代の写真）実家が経済的に困窮している時は、自ら学費を稼ぎました。卒業後はドイツのベルリン大学に進学します。

□（外国旅行写真）2年間の留学後帰国。

□（家族との写真）32歳の時に日本画家川崎小虎の長女すみと結婚します。家族のためにも早くいい作品を描きたいと焦る魁夷ですが、友人たちが華々しく脚光を浴びる中で、彼の作品はなかなか評価を得られませんでした。迷う彼に戦争と家族の不幸が重なります。戦局が悪化し、終戦近くに37歳の魁夷に召集令状が届きます。熊本で体験したのは、爆弾を抱えて敵陣に飛び込む、みじめな訓練でした。自らの死を目の前にして、熊本城を走る時に見た風景に、彼の心には今までになかった感動が湧き上がります。

「どうしてこれを描かなかったのだろう。今はもう絵を描くという望みはおろか、生きる希望もなくなったというのに…こんなにも美しい風景を見たことがあったか。おそらく平凡な風景として見過ごしてきたのに違いない。もし、再び絵筆をとれる時が来たなら…私はこの感動を、今の気持ちで描こう」

汗と埃にまみれて、彼は泣きながら走り続けました。そして、敗戦。彼は生きのびました。しかし、すでに兄を結核で亡くし、続いて戦時中に父を、戦後ようやく再生の一歩を踏み出したところで母を亡くします。さらに第1回日展落選直後、結核で療養中だった最後の肉親である弟が他界しました。やっとのことで再び絵筆を手にした時、彼は全ての肉親を失い、絶望のどん底にいました。その時、彼に見えたものは、全てあるがままにうつす静かな心境と、確かに感じる自然の息吹だったのです。

◐（残照）どん底から2年後、第3回日展で特選を得た、初めての出世作『残照』です。39歳、遅咲きの大輪が咲き始めました。大自然の圧倒的なエネルギーの流れの前に、一人の人間の存在は限りなく小さい。偉大なる存在

の前に、人はただ全てを受け入れるしかない。当時の彼の心境が、絵筆を通して風景画として描かれたのです。東山魁夷、風景画家として確かな一歩を歩み始めました。

（道〔試作〕）3年後に発表された彼の代表作『道』。道は最初からそこにあるのではなく、切り拓かれ何度も踏みならされて、やがてかたちを成してゆく。人は今でも、そして、これからも、そうやって道をつくってゆくのだろう。未来へ向かう希望を思い出した作者自身の道なのかもしれない。

□（黄昏）その後の魁夷の絵は、それまで以上に生命を感じさせるようになります。彼の色は光に照らされたものをとらえるのではなく、生命の影を無数に重ねて生まれてくるものです。

□（「黄昏」の下図制作中の写真）生きている木々の吐息を、風の匂いを、一つひとつ重ねてゆき、その画面からはさざ波のように命の鼓動が伝わってきます。

□（行く秋）秋、枯れ葉、落ち葉という言葉には、一抹の淋しさがつきまといます。一方で、冬を目前に落葉樹のたっぷりとした深みと実りを暗示させています。しきつめられた金のカーペットをかさかさと踏みしめる時、私たちは足の裏に、燦然と輝く木々の命の昇華を感じることができます。

□（秋翳）やわらかな曇りの空に、ほっくりと浮かぶ紅葉の山。一本一本の木がそれぞれにこれでもかと、冬を前に体を染め上げて競い合っています。そこには豊かな秋の味わいがあるようです。

□（照紅葉）輝く黄金色の葉の間にのぞく木々の灰紫。反対色のコントラストと画面分割を用いた、艶やかな秋の錦。

□（秋映）秋色に染まる富士です。

□（雪降る）冬。降り続ける雪の中に、彼は自分の姿を投影します。中央の木のかたまりと手前の道との距離は、殻に閉じこもった自分と外の世界との距離なのでしょうか。単純化された図柄は、心の中を映し出しています。

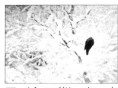
（白い朝）小さな身体のともしびを逃さぬよう、しんしんとする冬の朝に、じっと木の枝にとまる一羽の鳩。ここでもささやかな命が、必死で生きようとしています。何を思うでもなく、ただ。

□（冬の華）暗い夜空に映える、地上のサンゴ。天空の月に優しく照らされた幻想的なこの絵を見ていると、白く冷たい枝を通じ、心が浄化されていきます。

☐ （年暮る）年の暮れ、底冷えのする京の夜に大きな牡丹雪が降り始めて街を青く包み込んでいます。ここにも人の温もりが感じられます。

☐ （春兆）春。まだ冷え冷えとした空気の中で、彼の眼差しは小さな緑を探しています。野山の木々や草花が、萌えいずる春。冬を耐えた生命を賞賛します。

☐ （宵桜）満月の夜に見事に満開となった大きな桜。そのめぐり合わせに心動かされます。全ての事象は、限りない偶然の上に成り立つ必然。蒼い微光(びこう)を浴びた花はその一つひとつが、画面の中で呼吸を始めます。

⬅ （花明り）祇園の夜桜と呼ばれるしだれ桜が今を盛り、咲き誇り、春の宵の満月が結びつきました。まさに一期一会の有り難い出会い。日本人の典型的な自然観を、計算され尽くした構図と抑制のきいた色調で描かれています。

☐ （吉野の春）咲き誇る吉野の桜。

☐ （夏に入る）夏。白緑色の若竹、鮮やかな緑色の茎、茶褐色を混ぜたもの。初夏の竹林に響き合う緑のリズム。

☐ （夕涼）魁夷は言います。「空と水の広まりの中を平らな堤の直線が水平に横切り、豊かなフォルムに刈り込まれた松の繁みは、そのままの姿を静かな水に投影している。上下に同型の結びつく幻想的な空間」

☐ （3作品）魁夷が描く緑深い山々。

☐ （白夜光）順調に仕事を続けていた54歳の彼の中で、ひとつの疑問が生まれました。「私は大切なものを見失っていないだろうか」新鮮な心を持って大自然の中に身を置きたいと、夫人を連れて、北欧の旅に出ました。

☐ （晩鐘）　さらに61歳の年。学生時代にすごしたドイツの古い街が自分を呼んでいるのを感じ、36年ぶりに訪ねます。

☐ （静唱）魁夷が描くヨーロッパの風景。

☐ （緑のハイデルベルク）（丘の教会）

⬅ （緑響く）64歳の年、彼の描いた18作すべてに白い馬が現れます。白い馬シリーズです。絵の中で白馬は全身に自然の息吹を浴び、生き生きと輝きます。モーツアルトを愛聴していたという魁夷。この絵に寄せた彼の言葉。「弦楽器の合奏の中を、ピアノの静かな旋律が通り過ぎる」

☐ （春を呼ぶ丘）あの白い馬は何を表すのかとよく聞かれたそうです。

☐ （白馬の森）彼はいつもこう答えました。

⬅ (緑の詩)〔部分〕「それは見る人の自由です」

□ (若葉の季節) みなさんは何だと思いますか。

□ (湖澄む)

□ (「日月四季図」の一部) 日本画家としてその評価を確立した魁夷は、東宮御所や皇居宮殿、唐招提寺障壁画の大作も依頼されるようになります。これは、52歳の時の作品。新築中の東宮御所を飾る壁画の下図です。

□ (「日月四季図」のその他の部分)

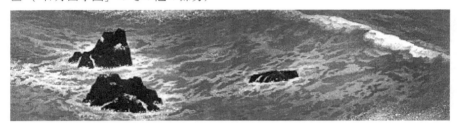

⬆ (「朝明けの潮」の一部) 60歳で描いた皇居宮殿の壁画です。海外からの賓客に「日本へ来た」という感じを与えるものと依頼された魁夷。各地の海岸をめぐって、潮風や打ち寄せる波に大自然の息吹、鼓動を感じ取り、誰も描いたことのない波を描きたいという情熱を壁画の中に吹き込んだ作品です。

□ (「朝明けの潮」のその他の部分)

□ (晩年の作画風景写真) 60歳を越えた魁夷に、唐招提寺の障壁画を描く機会が思いがけず巡ってきます。この巡り会いを感謝すると同時に、この仕事を完成させることが容易でないことを感じます。

□ 唐招提寺を度々訪ね、鑑真和上(わじょう)のこと、寺の厳格な気風を想起して、上段の間に山、宸殿(しんでん)の間に海を構想します。日本にひかれて来日された和上への想いが、日本国土の象徴としての山と海を描くことになったのです。

□ 鑑真和上がついに見ることができなかった日本の美しい山と海が完成しました。

⬅ (唐招提寺障壁画「山雲」「濤声」)

□ (中国でのスケッチ風景写真) 唐招提寺障壁画は続きます。3度にわたる取材をし、雄大な大陸の風景と悠久の文化にふれ、桜の間と梅の間は水墨画で描く決意をしました。初めて

の水墨画大作に加え、取材と試作に時間がかかりすぎ、絶体絶命ともいう状態に立たされます。彼は、無我夢中、全身全霊を打ち込み描きました。完成したのは72歳の年です。

□（唐招提寺障壁画「黄山暁雲」「揚州薫風」「桂林月宵」）

◐（富士山の有名な絵）彼の絵には、彼自身の人生が映し出されています。人の現れない魁夷の風景画を見たとき、人の息づかいを感じます。1999年5月6日、90歳で老衰のため逝去。奇しくも鑑真和上と同じ命日でした。

◐（道）晩年の彼の言葉で今日の学習をしめくくります。「一つの旅の終わりは、新しい旅の始まりである。生きている限り、旅から旅へと私は歩き続けている。時々、道に迷い、また、つまずきもしながら、遠くから心に響いてくる鈴の音を頼りに、かなり長い旅路を今日までたどってきた」

（横山基晴）

❺ 朗読「腑分け物語」を中心に
―― 道徳的実践力を育てる歴史の授業（中学）――

◉人間の原点にある願い――"ともに生きたい"

　たとえば原爆の授業で、『ヒロシマ惨状の記憶』（TBS、2005年8月5日放映）のビデオを見たあと、教室にはシーンと重苦しい雰囲気が広がる。そんな中、相変わらず寝ていたヤツに、「何であいつは寝ているんだ」と居眠りを責める声が上がる。それもふだん自分だって寝ているヤンチャな子が言う。

　彼は、この広島の惨状を伝える証言者のことばを聞き、これは「寝ていることはゆるされない」学びだと感じたのでないか。子どもたちは、原爆の威力や熱線・爆風・放射線による甚大な被害について学ぶだけでなく、その体験をくぐりぬけた人が抱く思い、伝えたいことへの敬意や共感を覚えているのではないか。"ともに生きる"ことを願いつづける誠実で切ない心、物事（歴史の事実）に真剣に向き合う心を確認しているのだと思う。

　だから、授業は「人々の戦後も続く苦しみ」について、また「どう伝えるか」という未来の問題について、子どもたちに考えさせるように構成していく。

　ビデオの中で、証言者は、「よう連れていかなかったんです。それが未だに、私の胸につかえてね。どうして連れて逃げてあげなかったかねと思う。この60年間ずっと悔やまれて」「炎が迫り、肌が焦げる。よろめくようにその場を離れた彼女は、のちに広島を去り、罪の意識に耐えながら、戦後を生き抜いた」「私はその夜、6人ほどの人に水をやり、死なせてしまった。私のとった行動は悪かったのだろうか。この疑問が私の一生をつらぬいているようだ」等、語っているが、それを子どもたちに向き合わせる。

　また、ビデオの最後で、20歳の綾瀬はるかさんが涙を流しながら意見を述べているが、「綾瀬はるかさんはなぜ泣いていたのだろう」と問いかけ、彼女がこの番組のためにはじめて祖母に（姉の原爆死のことを）聞き、貴重な記憶を記録しておきたい、語り継いでいきたいと決意したことを話す（『綾瀬はるか「戦争」を聞く』岩波ジュニア新書、2013年）。

私は、歴史学習では、過去の時代に生きた人々が「どんな願いを持って生きたか」をできるだけ具体的に教室で生徒に示し、生徒が「人間とは何か」「どのように生きていくか」を考え抜くように授業をつくることを、常日頃思ってきた。なぜなら、子どもたちとこうした授業を作って思い知らされることは、中学生こそ、"ともに生きたい"と願う存在だということだからである。

　原爆の学習では、「人々の戦後も続く苦しみ」について、ともに生きることがかなわなかった人間はそのように考え生きると、確認させたかった（井上ひさしは『父と暮らせば』でそう人間観察をしていたと、私は思う）。

　社会科のもともとの目的は、人間はどのように生きるべきかを確かめあうことではないだろうか。私はそれを意識的に追求する授業を提案したい。

◉人間の真実を追究する──山脇東洋『腑分け物語』の授業

　江戸時代の洋学の単元では、時代のカベを打ち破ろうとする人々、学問の発展に身をささげた人々の感動的な生き方を知ることができる。私はその教材として、杉田玄白・前野良沢以上に、山脇東洋をとり上げることの意味を、山本典人実践から学んだ（山本典人『子どもが育つ歴史学習』地歴社、2001年）。

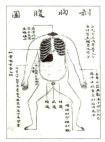
『臓志』

　たいていの教科書には３枚の解剖図が並べられ、山脇東洋はその一つ『臓志』の著者として紹介されている（他は中国の医学書と解体新書）。授業では始めにその３枚の解剖図を比較させる。

　生徒は、山脇東洋の解剖図を、「首がない」「くわしい説明が書いてある」「（オランダの解剖書『ターヘルアナトミア』より）正確でない」などと言う。だが、東洋は日本初の人体解剖を行い、それを自ら書き留めて出版した人物である。しかし、中学校教科書（東京書籍）には、その説明がないので、他の解剖図より見劣りし、居心地が悪そうであった。そのうえ、2012年からの新教科書では東洋の解剖図そのものが省略されてしまった。これは大変残念なことである。この解剖図が描かれるまでの東洋の苦闘、生き方は、人間の真実を追究する学問にささげられた情熱、信念や勇気、差別されていた人を"ともに生きる"人間として見る行動など、中学生に人間はどのように生きるべきかを考えさせる数多くの生きた素材を提供しているのである（岡本喬『解剖学事始め〜山脇東洋の人と思想〜』同成社、1988年参照）。

　授業では、教師が自作した次のような読み物資料を範読した。

<資料> 山脇東洋「腑分け」物語
　江戸時代は、人体解剖することは、禁止されていました。なぜでしょう。江戸時代の人びとは、「親から授かった体を切り刻むとは、とんでもないことだ」と考えていたそうです。ところで、江戸時代の後半、日本で初めて人体解剖を試みた人があらわれました。その名は、山脇東洋といいます。医者の家に生まれた東洋は、若いころから中国の医学の本を読み学んできましたが、そこに描かれている内臓の絵に疑問を持っていました。またオランダから伝わってきた医学書を見て、その細かく描かれていることと、中国の本とのあまりのちがいに、不思議に思いました。これらの疑問を解明するには、じっさいに人体を解剖し、実証するよりほかに方法はないと、東洋は考えました。そこで、東洋は、「お家断絶」「切腹覚悟」で、京都所司代に腑分けを願い出、ゆるされました。
　1754年のある日、京都の獄舎の裏庭にて、日本最初の腑分けは行われました。腑分けされる人体は、重い罪で刑死した、首のない罪人で、名を「屈嘉(くが)」と言いました。腑分けを行うのは、最も身分の低い「えた」の男で、東洋は首のない死体をはさんでえたの男と対しました。解剖時の出血や洗い水がしみこむように、獄舎の裏庭の草地にむしろを敷いて、解剖が始まりました。…
　内臓がすべて取り出され、解剖が終わりました。東洋はじめ弟子たちの目は、感動で充血していました。……解剖して一か月後、東洋は、屈嘉を、罪人とはいえ医学に貢献したとして、山脇家の墓地に手厚く葬りました。罪人の埋葬が禁じられていた時代に、このようなことは前例のない、画期的なことでした。一方、この人体解剖に対して、人々は、「残忍だ」「解剖は、病気の治療と無関係」などと、すさまじい批難をあびせた。それに対し、山脇東洋は、4年後、今度はみずから解剖を行いました。さらに、その翌年、日本初の解剖書『臓志』を出版しました。

　最後に山脇東洋について感想をノートに書き、授業を終える。以下は生徒の感想である。

●「山脇東洋はすごい人だ」
　「『お家断絶』『切腹覚悟』とあるように、死んでもかまわないという強い意

志を持って解剖を願い出たので、勇敢な人だと思った。屈嘉を自分の墓地に葬り、医学に貢献したことを感謝するなんて、なんて優しい人なんだろうと思った。人々から批判されても負けずに、自ら解剖を行って、すごく意志が強くて立派な人だと思った。」

「みんなに批難をあびせられながらも、2度も解剖をしてそれを出版して、こん気が強い人だと思う。私だったら一度文句を言われたら、そこであきらめちゃうと思う。」

「山脇東洋についてぼくは、とても勇カンだと思いました。『切腹覚悟』で解剖をこころみた所がなによりすごいと思いました。そして屈嘉を自分たちの墓地に葬った所もすごいと思いました。最後に、山脇東洋は、江戸のじょうしきにとらわれない所がとてもすごいと思いました。」

「東洋の解剖図は、他の人よりも、少し詳しく書かれていない所もあるけど、私は、この人が一番輝いていると思います。禁止されていたことだけれど、男の人を自分の墓に入れてあげたり、すごく優しい人だと思いました。」

中学生は、お家断絶・切腹覚悟で願い出た勇気、罪人を山脇家の墓地に埋葬した優しさ自分で思ったことを貫き通すことに驚き、すごいと感想を述べた。いつも中学生は同様の感想を持つ。次は、別の中二生の授業後の意見。

「禁止されていた人体解剖をやろうとしたその勇気がすごいと思いました。また、中国の医学の本を読んで、疑問を持つこともすごいと思います。普通なら、なっとくすることに疑問を持つというのは、すごいと思います。また、『お家断絶』『切腹覚悟』で、というのにも驚きました。もっと驚いたのは、腑分けされた人体（重い罪で刑死した、首のない罪人、屈嘉）を、罪人とはいえ医学に貢献したとして、山脇家の墓地に手厚くほうむったということです。これには本当にびっくりしました。山脇東洋は心の優しい人だったんだなと思います。また、みずから解剖を行うなど、本当にすごい人だったんだなと思います。」

「『お家断絶』『切腹覚悟』など、すごい勇気のある人だなと思いました。それに、屈嘉を山脇家の墓地に手厚く葬るなんて、すごい優しい人だと思いました。私は、この山脇東洋は、とても前向きな人だし、自分から何かを進めようとする人だなと思いました。どんなに批難をあびせられても、それでも自分で決めたことを最後までやり通すなんてなかなかできないので、本当に山脇東洋はすごい人だと思ったし、かっこいいと思いました。」

「山脇さんは、いままで前例のない解剖を初めてやろうとしてすごいと思い

ました。しかも、『お家断絶』『切腹覚悟』は、普通はそんなゆうきはありません。なのにやろうとしたので、本当にすごいと思いました。そして、解剖しただけでなく、おはかまで作ってとてもえらいです。そして、その解剖を生かして、自分で本出すなんて、すばらしい人だと思いました。」

●中学生の感想を大学生はどう読んだか

　大学生に、これらの中学二年生の感想を読んでもらい、それを分析してもらった。大学生は（自分も同様の中学時代を通ってきたのに）、その細やかな感性に驚き次のように述べる。

　「実際の中学生のコメントを見て、率直に思ったことは、非常に繊細であり、感情が豊かであるということ。私が想像していた以上に、感動したり、"人間として"という部分を重視しており、無意識に、自分の立場であったら…ということを考えている。」

　「生徒が感想の中で述べている『勇気』『優しさ』などは、いわゆる道徳の徳目であろう。それを、子どもたちは、自分の生活に引きつけて、『根気強さ』について、『私だったら一度文句を言われたら、そこであきらめちゃう』などと考えていく。また、道徳の副読本では否定されているが、人間らしく生きていく上でとても大事な『常識にとらわれない』ということも学びとっている。」

　そのようなことを、歴史教育の中に意識的に位置付けて授業を展開してほしいと中学生は願っているのではないだろうか。将来社会科教師を目指す大学生は、そんな中学生に寄りそって、こう述べる。

　「私自身、中学生の頃に、知識を得られる授業よりも、精神的な面や考え方に何かプラスのものを与えてくれるような授業をしてもらいたかったという思いを持っていたので、歴史教育の中で道徳的な話題を取り上げるということは、ぜひ自分も取り入れたい授業の組み立てであった。授業の内容も、決断したことをやりとげることや人々の優しさに気付かせるような、中学生の心の成長にあったものであったし、中学生も考えていくうちに、どう自分に取り入れられるか、自分に影響していくことが感じとれるような内容であったと思う。歴史を学びながら、心の成長に役立てられる授業だと思った。」

●東洋の勇気を支えた優しさ──"ともに生きる"思い

　では中学生の心の成長とは、この授業に即して言えばどのようなものだろう。

たとえば、中学二年生は、親や教師からの自立真っ最中で、そんな自分を励ますものとして、理不尽な束縛のなかで人間の、言い換えれば自らの真実の姿を追究しようとした山脇東洋の生き方と向き合っていた。
　「他の人々になんて言われようと、あきらめずに解剖をつづけて、ついに本まで出ぱんしてすごいと思う。すごくしんのとおっている強い人だとも思った。私ならみんなに反対やひはんをされたら、とちゅうでなげだしちゃうと思うので、自分で思ったことをつらぬきとおすことはとても大切なことだと思いました。」
　「山脇東洋がすごいと思ったのはやっぱり、まだかつて誰も成し得たことがない事を、やろうと思ったことです。まだ誰も行っていないから、もちろん前例がないなかで行うというのは、きっと誰より勇気のいることだと思いました。そして、いくら罪人だからとは、いえ、今後の医療の発展に協力してくれた人を手厚くほうむったというのも、前例が無いぶん驚かれたかもしれないが、自分がしたいと思った事は、誰がなんといおうとつきとおすしんねんはみならいたいと思いました。」
　そして東洋の、人体内部の普遍的真実を明らかにしようとした勇気は、差別されていた人々を"ともに生きる"対等な命として見る本当の優しさに支えられたものであるからこそ決して揺らぐことはなかったことを感じ取っている。
　「山脇東洋は当時禁止されていた『人体解剖』を、お家断絶、切腹覚悟でお願いしたのがすごいと思いました。また、解剖された人（くが）を罪人だったのにも関わらず、山脇家の墓地にほうむるところから、解剖させてくれたことに本当に感謝しているんだなと思いました。人々は『残忍だ』とか『治りょうと無関係』と言ったかも知れないけど、私は、埋そうしたりしてるところから、命のとうとさを分かっている優しいひとだなと思いました。」

●道徳的実践力を育てる──高野長英『天保夢物語』の授業

　私が高野長英の学習で使う教材は、いつも変わらず、高橋磌一・徳武敏夫・山下國幸共著『明るい社会』（岩崎書店、1976年）から作成した「天保夢物語」である。『明るい社会』は、次のような内容をふくむ歴史読み物である。
① 幕府批判が重罪とされていた時代に高野長英は幕府を批判したこと。
② オランダ語を習得。外国についての豊かな知識。日本の行く末を案じる。
③ 高野長英が書いた『戊戌夢物語』は友人たちが密かに書き写していった
④ 終身牢そして脱獄。母に会う。宇和島藩で翻訳。顔を焼いて江戸で町医者に。

それをプリント資料として使い、子どもたちに、高野長英の生き方を考えさせていった。以下は生徒の感想である。
　「人のためになりたいからといって自分の顔を焼いたり、幕府に見つかったら殺されてしまうかもしれないのに、江戸で医者を開業してすごいと思った。あと、もう会えなくなるから、危険をおかしてまで、母に会いに行ってえらいなあと思った。長英は優しいし頭がいいから、かくまってくれる人もたくさんいたんだと思う。」
　「高野長英について思ったことは、すごいなということです。処罰をおそれずに『夢物語』を出版したり、長く逃亡したり、劇薬で顔を焼いたりと度胸があってすごいなあと思いました。最後はバレて自殺してしまうけど、生きのびていたら、もっともっとすごいことをして、外国船打ち払いを批判していたと思います。かくまってくれる人たちもたくさんいたので、みんな悲しんだと思います。やっぱりスゴいなあ。」
　幕府に罰せられるのを分かっていながらも、自分の考えを少しでも多くの人に分かってもらうために、幕府を批判する本を書いた長英の行動を、子どもたちはどう受け止めるか。
　正しいと信ずることを貫く勇気、命がけでみなの幸せのために行動できるという、人間の原点にある"ともに生きたい"と願う根源的事実を子どもたちは確かめあい、自分の糧にしていくはずである。歴史学習にはそうした行動力を培う場面がたくさん含まれており、それを意識的に教材化すること、授業づくりをすることが必要になってきているのではないだろうか。そしてその授業における教師と子ども、子どもどうしの対話が人間のあり方・真実をさらに明らかにしていくのではないだろうか。
　「道徳の授業」で大手を振っている、ある徳目を教え込むために、それに対応するお話を読むというような、本末転倒の教育ではなく、生きた人間の事実に立脚した歴史教育が人間は"ともに生きる"存在であるという原点にある事実から出発することで、自ずと「教えるとはともに希望を語ること。学ぶとは誠実（真実）を胸に刻むこと」（ルイ・アラゴン）という教育に到達できるはずである。そして歴史を学びあうことそのものが、人間の道徳的実践力を育てることが明らかになるはずである。
　それを自覚して歴史学習の内容をどう豊かにしていくか、この課題を、私はさらに追求していきたいと思う。

（小堀俊夫　東洋大学・元中学教員）

第5章
自分の感覚を教材に

① 箱メガネ
── 交通ルール・公徳心（小４）──

◎「不注意」の原因は？

くりかえし口がすっぱくなるほど交通ルールを教え、歩行者としてのきまりを守る大切さを学ばせたつもりでも事故が起きる。

3年前から現在までの本校児童の事故報告を見た。6件中5件が横断歩道上での接触事故である。登下校中ではなく、家に帰ってからの事故ばかりであった。例を挙げてみよう。

1　マルサン書店前から手をあげて横断歩道を渡っていたところに、熱海駅方面に向かう車が止まりきれずに進入。軽く接触した。（1年女子）

2　同じくマルサン書店で本を買う。その本を早く読みたいために、横断歩道で左右をよく確認せずに渡ろうとして車と接触。転倒した。（2年男子　頭部打撲・右足親指切り　傷・レントゲン検査は異常なし）

1は運転者の前方不注意であり、2は歩行者である児童の不注意である。いったいこの不注意は何から起こるのだろうか。

ソフト面からみた場合、それは「視野」「見え」の狭さではないかと押さえてみた。こう考えれば、歩行者にも運転者にも共通する課題となる。

なかでも子どもは大人に比べて見える範囲が上下・左右とも狭いということ。車のスピードが速いほど、運転者の見える範囲も狭くなるということ。

こうした事実に依拠しながら、その狭さを箱メガネで実感する安全指導の実践を組み立てることとした。そのことが、交通ルールを守るという公徳心の実践にもつながっていく。

説明を加えながら、その流れを追ってみよう。

≪実践の組み立て≫
①身近にある、信号のない横断歩道で起きた実際の交通事故を紹介
・黒板に地図で表しながら、「あそこのことだ」と理解させる。

・なぜ、安全なはずの横断歩道で車とぶつかってしまったのか。理由を予想させる。

> データは地元の警察署から入手できる。現場を知っているためか、子どもの発言は活発でさまざまな予想が出される。
> 「スピードの出しすぎだと思う」「運転する人がよく見ていなかった」「渡る人が右左をよくみていなかった」
> 『見てるつもりでもよく見ていないとは、どういうことだろうか』

②箱メガネ（右の図）を工作用紙でつくり、各班に1つずつ用意。
『これを使ってみた場合と使わない場合では、見え方はどう違うか』
・実際にその地点に行き、箱メガネで見た場合左右どこまで見えるか、その範囲を歩数で測る。続いて、箱メガネを使わずに測る。
③実験の結果をノートに記し、比べて分かることを言う。それらの意見をもとに、なぜ安全なはずの横断歩道で車にあたってしまったのか、どうすればよかったかを話し合い、自分のことばでまとめさせたい。
「車が来るのをしらなかったのは、はこめがねをかけていると同じだったから。とったら見えるので、首をまわしてはじまで見れば、交通じこにあわなくなる」（N君）

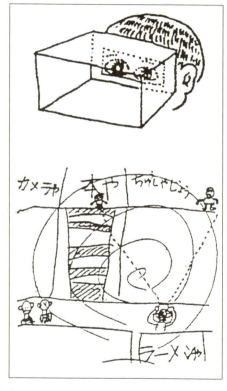

　どこまで見えれば遠くの自動車にも気づけるか。どうすれば箱メガネを取ったのと同じことになるか。着脱しながら個々に体験することで、だれもが実感できたと思う。
　歩行者としてのルールを守るという公徳心は、ことばだけの授業では身につきにくい。ひとつの試みとして受け止めていただきたい。

(茶田敏明)

---◆ポイント◆---

　"交通ルールの順守"は市民生活に必要な公徳心の一つである。その心構えを育てる授業は、たとえば次のように行うことができる。
1　交通事故の写真・市内の交通事故数の移り変わりのグラフの提示
2　身近な道路での事故の紹介
3　事故が起きた原因の考察
4　防ぐためにはどうすればよいか話し合い
5　まとめ―歩行者としてのルールを守ることはなぜ大切かを確認

　だが、こうしたことばの授業は、その場では「分かった」つもりになっても、日常での実践力につながりにくいのではないか。
　そう考えた茶田さんは、事故現場の横断歩道に出かけ、箱メガネという教具を使って「よく見て視野を広げる」大切さを実感させる。そこから歩行者としてのルールを守る心が育ち、真の実践力につながると考えたからだ。
　道徳授業を教室でのことばのやり取りにとどめず、児童の「中枢神経」にまで届かせる授業づくりのヒントがここにある。
　日常守るべきルールを日常の「場」に出かけて体験を通して学ぶ。その中で公徳心と実践力を育てる方法を、私たちもさまざまに考えてみたい。

盲 点
── 見ていても見えない仕組みがあることに気づく（高校）──

◉はじめに

　私たちは目の前のものを「見て」いれば「見えている」と思っている。だが眼にはものを見ることができない部分「盲点」がある。盲点の実験は誰がやっても面白い。初めは「先生、消えんよ？」と言う生徒もいるが、「周囲に聞け」と友達同士で教え合うことを促す。それでも●が消えない生徒にはつきっきりで教える。後はプリントさえ配れば生徒は歓声を上げながら実験を進めていく。シャルルボネ症候群、カニッツァの三角形について触れ、「あなたが見ているものは本当にありのままなのか」「見落としがちなことはないか」と問う。

　生理的な盲点だけでなく、「日常つい忘れてしまいがちなこと」まで意味を拡張すると、生徒は多くのことに気づき始める。「姉が毎日洗濯をしてくれている」「毎日食べているものは誰かが一生懸命作っているものだ、ということ」「空気や水のありがたさ」「赤ん坊のころから自分を育ててくれた親の存在」など。

　盲点の存在を知っても毎日の生活には役立たない。だが、自分の入力にも他人の情報にも偏りがあることに気づけば、情報を取捨選択し、問題意識を持って読むことになる。何もない道路にしか見えなくても、アスファルトの下には水道管など様々なものが埋まっている。見えているものが全てではない。「親に感謝しましょう」などと唱える必要はない。その意味に気づいたとき、世界との接し方そのものを変えざるを得ない。

　何かに集中して、大切なことを見落としてしまう、なんてことがある。「自分はこんなもんだ」と勝手に自分に限界を作ってしまうこともある。こういった思い込みを取り去るには、自分の認識をいったん疑わなければいけない。

　盲点の存在を知り、その仕組みを理解すれば、自分で自分を縛っていることに気がつく。そうすれば生き方が変わる。学ぶとはそういうことだ。

　以下授業書形式で紹介する。

◉＜盲点＞を知っていますか？

「しまった！そこは＜盲点＞だったな」という言葉を時々使います。うっかり気づかなかったところ、注意が行き届かなかったところを意味します。これは実際に目に存在する＜盲点＞から生まれた言葉です。目の中には視力のないところ、つまりモノが見えない部分があります。これを＜盲点＞といいます。これは、だれの目にもあります。

〔実験１〕

まず自分の＜盲点＞を確認してみましょう。＜盲点＞を確かめる方法はいろいろありますが、ここではこんなやり方をしてみます。

まず、図が顔の正面に来るように持ちます。右目を閉じ、左目で小さな点（図の右側の点）を見つめながら、図を前後に少しずつ動かしてください。そうすると大きな点（図の左側の点）が消えるところがあるはずです。そこがあなたの＜盲点＞です。

◉どうして＜盲点＞ではモノがみえないのでしょう？

眼球の裏側には網膜があり、そこには光を感じる特殊な細胞（錐状体と杆状体）が並んでいます。＜モノが見える＞とはこの網膜で光を感じることなのです。＜盲点＞でモノが見えないのは気持ちの問題などではなく、本当にモノを見ることができない場所が目の中にあるからです。それは目の中に存在する網膜の「視神経乳頭」というところにあります。

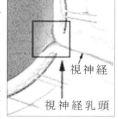

図の中で、少しへこんだ部分がそうです。どうしてここが＜盲点＞になってしまうのでしょうか。それは、視神経乳頭には光を感じる細胞がないからです。この部分に集まった光は、信号として脳まで届きません。だから、脳では「見えない」と判断されるのです。（図を参照のこと）

◉どうして＜盲点＞が存在するのでしょう？

　どうして視神経乳頭には光を感じる細胞がないのでしょうか。じつは、そこには視神経の束がぎっしりつまっているからです。視神経は光を脳に伝える役目をもっています。人は目に入った光を脳に伝え、脳で解釈することではじめてものを「見る」ことができるのです。視神経乳頭は、目に入ってきた情報を脳に伝えるための出口といってよいでしょう。そのため、そこでは光を感じ取れないのです。

〔実験2〕

　それでは、次のような図で＜盲点＞を確かめると、どのように見えると思いますか。まず予想してみましょう。

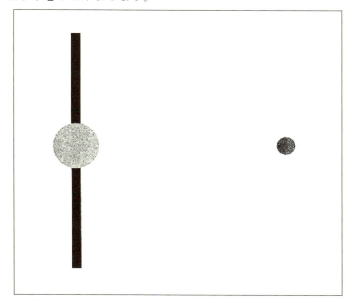

　＜予想＞　ア．点が見えなくなって、真っ白になる。
　　　　　　イ．点が見えなくなって、黒い線がつながる。
　　　　　　ウ．その他（　　　　　　　　　　）

◉どうして＜盲点＞でモノが見えるのでしょう？

　視神経乳頭では光を感じられないわけですので、モノは見えないはずです。つまり視界の一部にぽっかり穴があいているはずなのです。しかし実際にはそんなことはありません。実は日常生活では、映像の欠けたところは自動的に

復元されているのです。そのメカニズムはまだわかっていませんが、この現象は「充填」と呼ばれています。何らかの理由で視覚に損傷を受け、別に＜盲点＞ができた場合、2日程度でその＜盲点＞は完全に充填されてしまいます。

〔実験3〕

それでは、右のような図で＜盲点＞を確かめると、どのように見えると思いますか。まず予想してみましょう。

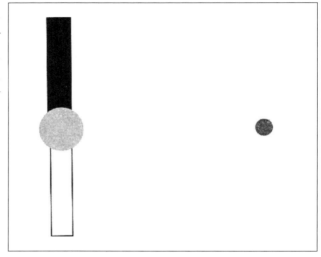

〔実験4〕

続いて、右のような図で＜盲点＞を確かめると、どのように見えると思いますか。まず予想してみましょう。

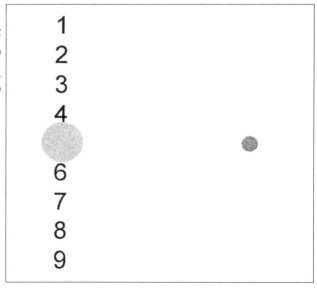

◉ <盲点>で見えるモノと見えないモノ

　実験3では、脳は「上と下はつながっているらしいな」「だけど、上が黒で下が白だから…」と困ってしまいます。最終的に脳は、白から黒にグラデーションをつけることが最も「合理的」だと判断したのです。
　一方、実験4では数字の「5」は見えてきません。数字は色やカタチと比べて高次元な処理になるので、脳は規則を判断できないのです。
　要するに、脳は見えないところにおかしなことが起こると「自分に都合がいいように」理解をしてしまうのです。

〔実験5〕

　それでは、次のような図で<盲点>を確かめると、どのように見えると思いますか。まず予想して、話しあってみましょう。

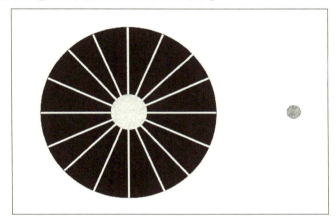

◉ 人はどこでモノを見ているのでしょう？

　<盲点>のところではモノは見えないはずですが、実際には脳が見えない部分を補っています。しかし、それは自動的に行われるため、自分の意志でコントロールすることはできません。実験5でも、自分で意識して「線は交わっていないぞ！」と思っても、勝手に線が交差してしまいます。
　ニューヨークに住むあるお年寄りは白内障という目の病気にかかって以来、幻が見えるようになりました。葉巻を吸う男の姿、輝く球体などが見えるのだそうです。本人はこれが幻であり、実際には存在しないものだとわかっているのですが、どうしても「見えて」しまうのです。
　このような症状をシャルルボネ症候群といいます。一般に、目から得た情報は脳の後頭葉というところに送られた後、情報を脳の各部に送って解析し

ます。この時、脳はこれまでの自分の記憶と照らし合わせ、それが何であるかを認識します。

このお年寄りは白内障により、視覚の一部が見えなくなっていました。そして脳は見えなくなった部分を、過去の記憶から呼び出し、補っていたのです。したがってこのお年寄りが見る幻は、全て本人の記憶の中にあったモノばかりです。見たことも、創造したこともない幻を見ることはありません。

つまり人間は、モノを＜目＞で見ているのではなく、＜脳＞で見ているといってもよいでしょう。視覚は過去の記憶の影響を受けるのです。

●＜カニッツァの三角形＞が教えてくれること

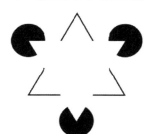

左の図は「カニッツァの三角形」と呼ばれる図形です。ここに描いてあるのは、欠けた黒い丸と「く」の字が３つです。しかし私たちには、実際には描いてないはずの白い三角形が見えるはずです。今までの経験から、このように見える場合、黒丸と、黒い線で囲まれた「く」の字の手前に白い三角形がある、と脳が判断しているからです。

こうしてみると、人間が「見」ている世界というのは、実は脳が見た世界であり、極端に言えば脳によってねじ曲げられた世界を見ているといってよいでしょう。

あなたに見えているモノは本当にありのままのモノですか？

＜参　考＞

池谷裕二・糸井重里『海馬――脳は疲れない』朝日出版社
NIDEK　チャレンジ！目に関するクイズ　星が消えた!!　～マリオット＜盲点＞～
http://www.nidek.co.jp/moten.html

（菊田兼一　愛知県立犬山南高校）
＊この実践はかつて静岡県立伊東高校定時制で行われたものである。

第6章
互いの授業を学びあう

❶ 学年で取り組む道徳
── 道徳担当３年間を振り返る ──

◈社会科教師が道徳担当となって３年間

　2010年４月、教員歴28年目、転勤した学校で初めて学年道徳を受け持つことになりました。「規範性を育む教育のリーディング校」の指定を受け、道徳に力を注ぐ学校でしたが、道徳の副教材や年間計画も前年度のものがあり、当初は例年通り進めるつもりでした。しかし、地域教材の発掘、学年意見紙上交流、学年行事との連動など、これまで私が意識して取り組んできた事と重なることが多く、一部の道徳授業を工夫するようになりました。週１回の道徳が１時間完結の机上学習で終わっては、道徳のねらいからもあまりにもったいない時間に感じられたからです。

　結局、３年間学年の道徳を担当し、大雑把に言って３分の１は副読本通り進め、３分の１は少し工夫し、残り３分の１は項目は変えず独自の教材を創作しました。副読本には選りすぐりの「道徳的な物語」が収められていますが、生徒の日常とは無関係に単発で入ってくる教材は、多くの子どもたちの心に響かないというのが実感です。

　まず、多くの道徳教材では、美化された目標とする人間像があり、それは余程ひねくって見ない限り、否定は出来ません。昔からよく聞く話ですが、「賢い生徒」は「こう書けば先生は評価してくれる」と読んで作文をします。しかし、それは建前で現実の世界が違うことも知っています。

　「真面目な生徒」は美化された人間像を本心から貫こうとします。例えば、いじめをテーマとして学習した場合、学習したのになぜいじめはなくならないのかと現実に愕然とする生徒がいます。いわゆる過剰適応タイプであり、自分で空回りします。そして、一番規範性から遠い存在となった「逸脱した生徒」は最初から教材を無視しています。犯罪防止が主目的なら、この規範性は「逸脱した生徒」にこそ教えなければならないのですが、効果は全くと言っていいほどありません。教材の中で、その子たちの多くが置かれているであろう家庭

環境や社会環境は考慮されていません。「当たり前のこと」ができない者は、自己責任で淘汰される社会の反映もあるのでしょうか。

　その他「一般の生徒」たちは思考停止状態に流れ込んでいます。典型的な例の一つが校則に対する反応です。もう十年以上前の話ですが、生徒総会で意見を言う場があれば、厳しいと思う校則に２年まで改善要求を出します。しかし、３年になると出さなくなりました。後日、雑談で本音を聞いてみると、その主な理由は「自分たちは守って（守らされて）きた」「決まりに納得はしていないけれど、従ってきた」からだったのです。近隣の公立中学校で校則を生徒の手で変えることのできる学校はありません。現在では、高校までもが厳格な校則で縛られ、ゼロトレランスの「生徒指導規定」なるものが跋扈しています。ここ１〜２年間に見た道徳の公開授業で、小学校低学年の図書室貸し出しルール、中学校の部活動ルールに関する授業実践も、守る意味を考えさせたり、自分たちのルールを自分たちで考える内容ではなく、決められたルールを体に染みこませたり、「優等生的上級生」を確認する内容でした。

　この様な学習では、二面性を使い分ける優等生意識、過剰適応の助長、社会規範からの逸脱、思考停止を進めかねないと思うのです。私が素晴らしいと感じてきた、生徒の心に響く実践の多くは、様々な取り組みと子どもたちの日常が関連していました。今でもその様な実践をねばり強く続けている学校は多いと思うのですが、より多忙化が進むなか、単発の道徳授業でも精一杯になっている実態があるのではないかと危惧しています。

◉道徳を再構築する

　公教育の目的は、旧教育基本法から現行教育基本法に引き継がれて記されている「人格の完成」にあります。これは人格的完成をめざす主権者の育成と言い換えることができます。道徳教育の窮極的な目的はここにあると思います。私は社会科教師ですが、主権者のありかたについて学ぶ教科である社会科はとりわけ重要な役割を担っていると考えています。道徳を社会科教育の経験をふまえて再構築することが課題だと思っています。その視点から「市民社会科」と命名してみたこともありますが、「市民」は政治的共同体の構成員という意味合いが強く、子どもを含ませるのは難しい印象があるようです。この点では「人間を育てる社会科」とネーミングしている滝口正樹氏の問題意識も参考になる気がします。従来いわれてきた「主権者を育てる社会科」よりも広く、さまざまな場面で主人公を育てる社会科のイメージです。

このような主権者にはどんな力が必要でしょうか。私は、中学生の発達段階に即して次の５つの力が重要だと考えています。
　①自分で考え、文章にし、自分の言葉で表現する力。（表現力）
　②他者の意見を聴き、必要に応じてそれを受け入れ、自分の意見を修正する力。（修正力）
　③考えたことを修正もしながら集団の中で実践する力。（実践力）
　④実践の正否にかかわらず、結果を自分と集団の成長と考え、次につなげていく力。（建設的持続力）
　⑤集団で実践したことを多方面に発信し交流する中で、相互に高まっていく力（発展的創造力）
　内容がまだ十分には整理されていませんが、私のこれまでの実践の骨格に当たる部分なのであえて記しました。もっと簡単に言えば、葛藤を繰り返し失敗もしながら、自分たちで考え、実行し、学校の主人公として活動していけるという自信を持つこと。その自己肯定感の育成こそが、道徳的実践力を備える主権者につながる大道だと思います。

学年での取り組みはどう繋がったか

　私の道徳教育は学年での取り組みを重視しています。取り組みの感想を若手の仲間に書いてもらいました。これからは若手が主役です。

◎数学女性（教員歴６年）

　私自身、中学生の頃に、学年で何かを取り組む活動をしたことがありませんでした。この１年間、道徳・総合・学活の取り組みを通して感じたことは、普段の生活では見られない生徒の違った一面や主体的に動く姿をたくさん見ることができたことです。
　スピーチでは「13歳の今」「10年後の自分への手紙」というテーマで生徒に作文を書かせました。その中には、今の子供たちの思い（将来への不安、人間関係、勉強・部活動の悩みなど）、普段の会話では話すことができない、本音の部分を書いている子が多く、教師の方が考えさせられました。またそれを、数人の生徒がスピーチすることで、自分一人だけが悩んでいるのではなく、同じように考えている人がいるということが分かったり、他の子の意見や思いを知ることができ、自分自身についてもう一度見つめ直すことができたと思います。
　その他には学年合唱をしました。はじめ合唱をすることで何か意味があるの

だろうかと思っている自分がいました。でも、実際やってみて感じたことは、みんなで何かをやるとき簡単に取り組むことができ、さらに達成感を味わうことができると思いました。練習過程でさらに団結力が強まった気がします。また、後に歌った曲を聴いたとき、そのときの活動の記憶が蘇ってきて、歌っていいものだと思いました。

　一年間を通して感じたことは、学年全体でなにかを取り組むことは素敵なことだと思いました。いろんな教員が生徒と関わり、学年の「絆」も深まりました。生徒の活躍の場や考える機会も増え、生徒が成長していく姿を見ることができました。これからも、道徳・学活・総合の時間をよりよいものにしていけるように頑張っていきたいと思います。

◎理科男性（教員歴3年）

　(1) はじめに

　本校の2年生は、年間通して非常に落ち着いていた。2学年といえば、いわば「中だるみの時期」であり、多少生徒が荒れてしまってもおかしくない。しかし本校では、問題行動の発生件数が、一般的なそれと比べて驚くほどに少なかった。それは本校の生徒たちの生来の力によるものでもあるが、最大の要因は、やはり本校2年生に対して行われてきた道徳教育にあるのではないかと私は考える。なぜなら、本校2学年の道徳教育は、生徒に自己決定の場と自己存在感を与え、共感的な人間関係を構築させるものであったからだ。これはまさに、歴とした予防的生徒指導なのである。本校2年生は、充実した道徳教育を受けることで、自尊感情を高め、自己の高まりを感じながら、自らの学校生活に価値を見出すことができた。それでは、なぜ本校の道徳教育が予防的生徒指導となりえたのか、以下に具体例を示しながら記述していきたい。

　(2) 本校道徳教育と生徒指導3機能との関係

　本校の道徳教育について特筆すべきなのは、学年集会が多く実施されたことである。集会では、司会を始め、スピーチ、合唱の伴奏、開会・閉会宣言、パソコン操作など、あらゆる役割が設定され、それぞれを生徒に受け持たせた。生徒は集会が開かれるたびに、様々な役割を担い、それらを遂行する中で、自身の決断力や判断力を高めていった。つまり学年集会は、生徒の自己決定の場でもあったのである。

　また、学年集会におけるスピーチは、事前にいろいろなテーマで生徒に作文を書かせ、教員が精選したものを取り上げて扱った。たとえば、自分に自信が

なく、他人と話すことに苦手意識をもつ生徒が、殻を破り、積極的に社交性を身につけようと決意する、というスピーチがあった。また、母親に反抗ばかりして少しも親孝行をしてこなかったことを悔い、これから少しずつ親を労わる努力をしよう、というスピーチもあった。普段声には出さないが、思春期の生徒なら誰しもが少なからず抱いたであろう感情を、同級生が代弁する。その姿をみて、傍聴する生徒は、自らの弱みをさらけ出した友人に敬意を抱くとともに、自分の感情（自分自身）が公の場で肯定されたかのような安堵感をもつ。そしてそこから、生徒がお互いの痛みを共有し合い、立場を尊重し合うような態度が生まれてくる。このように、思春期を象徴するような内容のスピーチを生徒に述べてもらうことで、生徒同士の共感的人間関係を育むことができたのである。

さらに、集会では希望者を募って南中ソーランを練習して保護者に披露したり、合唱隊を結成してクリスマスソングを歌ったりと、生徒が自己を表現する機会が非常に多かった。その中で、生徒たちは「自分が、自分たちが学校の主役なんだ」と感じ、自己存在感を得ることができた。

このように、おもに学年集会を通して、生徒たちは自己指導能力を身につけていったのである。

(3) 道徳教育と保護者

前述のような学年集会だけでなく、通常の道徳授業も、予防的生徒指導の一端を担っていた。特にその効果が大きかった実践例が、「13歳の君へ」という授業プランである。

これは、中学校1年生の終盤、すべての生徒の保護者から、自分の子ども宛てに手紙を書いてもらうという試みである。ある親は、自身の思春期時代とわが子を見比べ、共感的に理解してあげるような言葉を綴った。またある親は、子育てに関する不安や期待を赤裸々に語った。いつも反発している親が、御託を並べるだけの親が弱みを見せている。建前をとっぱらって本音で語っている。自分の複雑な心境をわかってくれている。生徒にとってこのことは至極センセーショナルな出来事だったのであろう。この取り組みは、生徒の自尊感情や共感的理解力を大きく育てた。

一方で、この取り組みは保護者にも多大な影響を与えた。思春期に入った我が子との距離が広がりつつあることに不安や焦燥を覚えていたものの、この手紙のやり取りを通して、子どもと改めて分かり合えた、と感じた保護者が多数いらっしゃった。さらに、いくつかの手紙は名前を伏せた形で文字に起こされ、

プリントにして各家庭に配布されたのだが、これを読んだある保護者から、「自分と同じような子育ての悩みを、他の保護者さまも抱えられていたことに安心しました。」と学年教員に意見が寄せられたのだ。つまり一つの道徳教育実践が、子どもと保護者のみならず、保護者と保護者とを結ぶ架け橋にもなりえたのである。「13歳の君へ」は、子どもはもとより、保護者の自尊感情も高めた道徳教育実践の好例であったといえよう。

　（4）　充実した道徳教育を施すために

　年間を通して、上記のような充実した道徳教育が実施されるためには、三つのことが必要不可欠であると考える。

　一つ目は、「教員の団結」である。生徒たちが準備半ばで惑わずに、目的意識を高く持ちながら最後まで行事をやりぬくためには、教員が、練習・準備の実施計画や役割分担を細かく設定し、息を合わせて実施していかなければならない。教員同士が同じビジョンを持ち、一丸となって進まなければ、生徒が一丸となるはずがない。たとえば、学年集会本番前一週間は、生徒それぞれの役割の練習も佳境となるわけであるが、スピーチ者、司会者、伴奏者などがそれぞれ別室でリハーサルを行うには、それぞれの部屋に教員が配置されなければならないのである。そうなると、教員相互のイメージがそろっていなければ、部屋ごとでバラバラな指導をしてしまいかねない。最終的に一つの集会としてまとまったのは、この教員団のイメージが予め共有されていたからこそだったといえるのだ。また、2学年最後の学年集会では、南中ソーランが披露された。ソーランの練習は連日朝に行われた。これに、私たち教員団は毎日必ず全員が出席した。これは、自分たちのイメージの共有のためでもあったが、教員の団結を生徒に示すためでもあった。毎朝揃う教員団を見て、生徒は「先生も本気なんだな」、「これは手を抜けないな」と少なからず感じたはずである。これが、学年集会の質を高めることにつながったのではないだろうか。

　二つ目は、「保護者の理解」である。本校2学年の道徳教育は、ある意味では既存の枠を飛び出したものであるがゆえに、保護者に内容を理解してもらい、支えてもらわなければ、うまくいかなかった。「13歳の君へ」も、書いた手紙がどう扱われ、どのような形で各家庭に返されるのか、そのビジョンを示さなければ、そもそも67通も手紙が集まったとは思えない。また、ソーランの朝練習をするのにも生徒や各家庭に少なからず負担がかかるものであり、そのリスクに適ったものが得られる保証がなければ、保護者は朝早くから学校に子どもを預ける気にはなれないであろう。日ごろから情報をこまめに家庭へ発信し、

本校の道徳教育について保護者の理解を得ていたからこそ、実践の遂行が可能になったと考えられる。

　三つ目は、「生徒に自分たちが主役であるという実感を与えること」である。すべての行事において、司会台本や練習日程など、基本的な部分はすべて教員が設定した。生徒はそのレールに沿って動いてきただけである。しかし、不思議と生徒たちは最終的に、「自分たちで集会を作ったんだ」という達成感を味わっていた。それは、学年合唱を歌う全学年の生徒の写真をポスターにして廊下に掲示したり、生徒の活動の記録をDVDに編集して放映したり、あらゆる場面でリーダーに話し合いをさせたりと、生徒が中心になっている感覚を持たせるような仕掛けを、教員が大いに活用したからであろう。国語教育の大家、大村はまの著書に、こういう一節がある。

　『仏様があるとき、道ばたに立っていらっしゃると、一人の男が荷物をいっぱい積んだ車を引いて通りかかった。そこはたいへんなぬかるみであった。車は、そのぬかるみにはまってしまって、男はけんめいに引くけれども、車は動かない。（中略）

　そのとき、仏さまは、しばらく男のようすを見ていらっしゃいましたが、ちょっと指でその車にお触れになった。その瞬間、車はすっとぬかるみから抜けて、カラカラと男は車を引いていってしまった』という話です。

　奥田先生はそう話をされて『こういうのがほんとうの一級の教師なんだ。男はみ仏の指の力にあずかったことを永遠に知らない。自分が努力して、ついに車をぬかるみから引き抜いたという自信と喜びでいっぱいに、車を引いていったのだ』こういうふうにおっしゃいました。

　まさにこれこそが本校2学年の道徳教育の真髄なのではないだろうか。生徒が主役として達成感をもつために、教員が一致団結してさりげなくサポートする。これにより、生徒の自己指導力、是々非々の精神が知らず知らずのうちに養われ、結果的に問題行動もあまり発生しなかったのだと考えられる。

◎保健体育男性（教員歴5年）

(1) 学年道徳・総合・学活

　1年生からこの学年を担当し、3年間を通じて子どもたちの成長を目の当たりにしてきた。子どもたちの成長は、計り知れないものがあり、数多くの感動に立ち会うことができた。子どもたちに関わる仕事をしている者にとって、幸せであった。

横山教諭とは、3年間同じ学年でともに過ごした。最初の学年道徳では、学級目標をクラスで発表することがテーマであった。これは、どの学校でも行われているようなごく普通の学年道徳である。このような形の学年道徳が、取り組みとして定期的に続くのだろうと想定していた。

　しかし、実際は違っていた。テーマをしぼった個人スピーチや学年合唱、それだけでなく詩の朗読や群読、修学旅行の自然体験別の発表報告、ショートコントや一発芸、ダンスやソーラン節、ギターやドラム、クラリネットを弾き、歌を歌うなど行った。そして、時には教員も一緒になり、「牛田中ぬ宝」や「どこまでも行こう」を歌うことやハンドベルを使って歌に参加するなど、数々の事を子どもとともに3年間こなした。

(2) 半信半疑

　見通しもなく、次々と出てくる内容に、戸惑いびっくりした。また、取り組める時間の確保もなく、定期的にやっていくことに無理があるのではないかとすら思った。そのような思いを抱いた同じ学年の教員もいたと思う。始業前や昼休憩、放課後の時間も利用し、子どもの指導をすることが大変であることも承知していた。なぜ、ここまで時間を割いて、時間と労力を費やし、実施するのだろうという思いを抱くこともあり、このような取り組みに当初は、半信半疑であった。横山教諭が、ここまで力を入れて取り組む理由が、理解しがたい部分もあった。

(3) 子どもたちが輝く場

　そんな中で始まった学年道徳・総合・学活であった。しかし、定期的に取り組みを続けることで、私の思いは変わっていった。また、大変嬉しいことに学年教員同士のチームワークも良くなっていき、実施することが楽しみになったのだ。何よりこんなにも「子どもたちが輝く場があるのか」という思いを抱くようになった。この取り組みには、授業では身に付けることができない力を身に付けることができると感じた。普段の学校生活では、見ることのできない子どもの長所、様子や行動に驚くことさえあった。みんなの前で、発表することや自分の素直な思いをみんなに、そして保護者の前でスピーチすること、学年の仲間とともに全員で歌を歌うこと、自分の特技を披露すること、身体を使って表現しダンスをすること、有志を集め、踊ったソーラン節など子どもが普段見せないエネルギーや表現力、未知の可能性に感動する場面も多く見ることができた。横山教諭の言われ続けていた「子どもたちが輝く場を教師たちがどう仕組むか」で、子どもの持っている未知の可能性を伸ばすことができると確信

した。学年の仲間同士で、協力し合い、助け合い、準備や片づけを行うこと、本番に向けて努力すること、自分の役割や責任を果たすこと、仲間の発表を真剣に聞き、受け止め、自分の生活や行動に役立てること、自分たちの発表を学年の仲間で見せ合うことで、お互いの良さやすばらしさを認め合うようになり始めた。それは、1人ひとりの個性を尊重することにもつながったと感じている。また、頑張った子どもに対して学年の教員が賞賛の声をかけることで、子どもたちは自信を持つようになった。自信を持つようになった子どもたちは、自分たちからアイディアを出し、私たち教員にも提案するようになった。それは、自分たちで会を盛り上げたい・いいものにしたいと思う気持ちを育て、自分で考え行動していく姿勢や態度につながっていると思った。自己の人格を、認めてもらえた瞬間であったと思う。その積み重ねが、学年教員同士の同僚性やチームワークをはぐくみ、学年集団の落ち着きを生み、子どもたちにも「この学年の一員でよかった」「毎日学校に行きたい」「自分の居場所がある」と思ってもらえる感情を育んだのだと思う。

　卒業式の前日練習の最後には、子どもたちから、1人ひとりのメッセージが書かれた横断幕「新夢皆翔」をもらった。嬉しいサプライズであった。3年間で、子どもたちが身に付けた力であった。教師たちが何も言わなくても自分たちで考え、行動できるということを実証してくれた出来事であった。この力こそが、子どもたちに身に付けてほしいと思う力である。これからの将来において、また社会で活躍していくために必要である。

　3年間の学習を通して、子どもたちは「表現力」を身に付けた。この「表現力」を、これからの人生で大いに発揮してもらい、社会に貢献できる人間になってほしいと願う。

　子どもと教員が一緒になって、多くの事にチャレンジしていくことで、子どもの力がつくとともに教員としての力や実践の幅も高まることを確信した。横山教諭を中心として、取り組んだ3年間は、私にとって、かけがえのない財産である。学び、実践したことをこれからの教員生活に生かしていきたい。

（横山基晴）

❷ サークルで授業交流

◉社会科サークル誕生す

　1985（昭和60）年度の3学期のことです。当時、伊東市の小学校に転勤して1年目の私は、自分の力量のなさに自信を失いつつあるところでした。

　そんな時、職場の先輩の原良和さんに声をかけられて、学区に住む加藤好一さんを訪ねました。加藤さんについては、組合青年部の教研活動を通して、社会科のすぐれた実践家であることを知っていました。

　「社会科の勉強会を始めないか」

　その日は、予定の時刻を過ぎてまで、今までの自分のふがいなさを語りました。にもかかわらず加藤さんや原さんは、そこからきらりと光る原石を見つけようとしてくれたのです。

　行き当たりばったりの自分を変えられるかもしれない。そう思った私が、サークルの誘いを断るはずはありませんでした。

　こうして、加藤さん・原さん・茶田の3人でサークルが発足したのです。教員稼業を始めて5年目が、私にとっての再出発の年です。

> 【サークルの元気（1）】
> 　落ちこぼれ教師へも温かいまなざしを向ける。

◉「上耕地」はどこだ？

　例会は、毎月最終の金曜日と決めました。当時は、まだ土曜日が休みではありません。

　社会科サークル第1回例会は、私の実践報告でした。小学校3年の歴史学習の初歩で、学区の昔に興味をもたせる授業でした。私は、バス停の名前が地域の昔を開く鍵になると考えました。

　「下耕地」というバス停の名前から、その反対の「上耕地」があるはずだという学習を展開しました。子どもが夢中になって地域を調べるという姿を願っていたのです。

「下耕地は"下"だから、上耕地は"上"、つまり空の上にある」
　こういう発言が出たのにはたまげました。しかし、どんな発言も教師のものさしで切り捨ててはいけません。（そういう授業技術もあらためて教わりました）
『なるほど、それはすごい。すると、探すためには空を見ればいいのか』
　すると、子どもはそんなバカなことはないと反論します。
「ちがうよ。"下"とは低いところだよ。だから、上耕地の"上"は高いところだ」
　おおっ、そいつはたいしたものだ。大げさに感心してみせます。子どもの発想ではそれ以上出にくいので、学区・鎌田地区の平地を流れる伊東・松川を基準にした見方・考え方を示唆しました。すると、
「下耕地が松川の下流だとすれば、上耕地は上流になる」
　おおっ、みごと。下耕地という地名一つで、3つも予想が立てられるなんて。それでは本当に上耕地があるのかと、子どもらは放課後地域へ目的をもって（しかし、半ば遊びながら）たんけんに出かけたのです。
　それからしばらく、「〜へ行ってみたが、見つかりませんでした」という報告が続きました。しかし、意欲はかえって高まります。はじめはあまり乗り気ではなかった子も、そのうち参加するようになり、とうとう母親が子どもと一緒になって古い地図とともに捜し当てました。
　地域の歴史の初歩を学ぶとすれば、地名よりも生活に密着したものを対象にした方がよいかもしれません。しかし、この時はじめて、どきどき・わくわくしていた子どもの姿が見られました。
　この報告が、今も教師を続けていられる原点です。職場とは違った分析の視点、頼りない後輩をお世辞ではなく一から育てようという雰囲気、サークルに入ってよかったと思えた夜でした。

> 【サークルの元気（2）】
> 理論からバッサリと切り捨てるのではなく、授業の事実から教訓や理論を引き出そうとする。

組織の態勢を整える

　原・加藤・茶田の3人でスタートしたサークル例会には、やがて新しいメンバーが参加するようになりました。
　当時、伊東のサッカー少年団の指導者で、面白授業をモットーにする宮村さん。私が新採の年、伊東熱海地区の教研でこんな授業をしてみたいと思う報告

をしたオールマイティの実践家。
　伊東の中学で主に生徒会の指導を担当していた向井さん。実直なテニス部の顧問。男性ばかりのサークルにも女性教師が参加する中で、社会科に限らず話題が広がりました。
　さて、参加者が増えてくるに従って、組織をつくる必要性が出てきました。そこで年会費千円、例会参加費200円で機関誌を発行することにしました。サークルの名前を〈ゆい〉にしたのはこの時です。
　やがて、高校の仲間が例会に加わります。会員の増加に伴って例会の持ち方も変わり、合同例会・分散例会（伊東・熱海）を交互に行う時もありました。

【サークルの元気（3）】
サークル会員は3つの層からなる。一つは固定層としての例会参加者。二つは、機関紙会員。三つは授業実践相談活動を通じて知り合う新しい仲間。

●授業実践相談活動を

　「例会を大切に…しかし、研修活動を例会だけにせばめない」——これが、私たちのめざす方向です。
　「例会を大切に」——これはどのサークルにも共通のことでしょう。しかし、それだけでは出席できるメンバーが固定化し、サークルは高齢化・衰退の道をたどります。そこで私たちは、授業実践相談活動を一つの柱としています。
　「研究授業で困っている」「社会科見学の資料がほしい」「学期はじめ、年間の実践の見通しを立てたい」
　会員であるなしを問わず、こんな電話がかかると、さあ、それからが〈ゆい〉の出番です。ともに悩み、ともに具体案をつくっていくのです。
　とはいえ、われわれ自身も例会に悩みを持ちより、今後の研究授業をどうしようかと相談に乗ってもらいます。

●地域の「井戸」をぬけ出る

　知的生産者として成長するには、他地域の優れた実践家・地域の専門家から学ぶことも必要です。サークルの財政がある程度豊かになってきたころ、第1回実践講演会を開催しました。
　全国的に名の通った実践家を呼ぶ？　しかも、我々のように小さなサークルが主催する？　その上、講師に依頼する役は君にやってもらいたいだなんてとんでもない。

しかし、これも何かの縁です。いきなり電話では失礼かと思い、あらかじめ手紙を送りました。そして、電話をかけたというわけです。その結果実現したのが、『自立の基礎を養う実践をあなたにも』（佐々木勝男）という生活科講演会です。1992年1月30日のことでした。

以後、『認識を育てる低学年学習をすすめるために』（中妻雅彦）・『子どもがのりだす社会の授業』（山本典人）と続きます。3回目でも、電話するときは緊張しました。なお、記録をまとめるのは、私自身にとって中身の濃い研修になりました。

95年からは『楽しい授業―エゾ錦を着たアイヌたちの謎を探る』（加藤公明）・『意欲と個性を伸ばす社会科学習』（谷田川和夫）です。会場を予約したり、早めに出かけて設営をしたり、講師を駅に迎えに行ったり、司会を務めたりするなど、主催者側の苦労が体験できたことが貴重です。

98年『子どもとつくる〈もの〉から〈人の知恵〉に迫る生活科』（石川順子）で、再び渉外係を担当しました。蚕の繭から生糸を取る体験、糸から布を織る体験など、この生活科セミナーは大好評でした。

同98年『総合的な学習の時間をどうつくるか』（佐々木勝男）―総合的な学習について、歴史的な経緯や先進校の実践の批判的検討を示唆してくださいました。先を見通す必要性と情報収集力、そして、いつまでもみずみずしい実践に頭が下がります。

参加人数は、多くても10人余りです。自分が講師を依頼した以上は、参加者を増やさねばならないとやきもきしたものです。しかし、「サークルという組織を借りて自分の学習にすればいい」というアドバイスのおかげで、参加人数についての悩みは解消しました。

2000年代からは、安井俊夫さん、さらには地域の工房の方を招いての糸紡ぎ・伊東市の学芸員の遺跡発掘報告なども取り入れました。

> 【サークルの元気（4）】
> 例会以外の場で、"ゆい"の活動を知ってもらう。人のためでありながら、自分も何かを得ようという姿勢で取り組む。

◉楽しいフィールドワーク

はじめに興味深かったのは、冬休みの東京神田・古本街ツアーでした。加藤さんが大学生のころからよく通っていた古本街を、リュックサックを背負って

闊歩するのです。4冊まで100円などという格安の穴場まで案内された時は驚きました。

98年には、神奈川県の秦野市市にある「めんようの里」へ行き、羊毛を紡ぐという体験学習をしました。これは当時伊東商業高校にいた若き実践家・菊田兼一さんの紹介によるものです。横浜散策では、詳しい大谷さんにリードをお願いしました。地元・伊東の農園で鶏をつぶしたり、漁船で漁を体験させてもらうこともありました。

2000年代に入ると、台風をついて佐倉の国立歴史民俗博物館へ、夜明けに出発して群馬の岩宿遺跡へ、一泊して愛知の長篠古戦場へなど、ちょっとした旅行のようになりました。2009年に行った長篠では、愛知に転勤した菊田さんに、またまたお世話になりました。

【サークルの元気（5）】
得意な分野で才能を発揮してもらう。それに甘えることによって、個人では難しい体験ができる。（頼ってばかりではいけないと自覚しつつ…）

◎機関紙『ゆい』の発行

機関紙第1号が発行されたのは、1988年1月9日です。B4判原稿用紙1枚でした。第2号は原稿2枚。第4号は原稿3枚。

やがて、現在の原稿8枚態勢ができあがりました。『ゆい』の発行は、ひとえに初代編集長のなみなみならぬ苦労のたまものです。「とにかく絶やさないことが大切なのだ」と、しみじみ語ってくれたことを思い出します。

実践面ですらパッとしない私が早く『ゆい』の編集を担当することが、今まで育ててくれたことの恩返しになる。しかし、機関紙の質が落ちることは確実だ。そんな心配から（いや、逃げの姿勢から）、交代するのを伸ばしてしまいました。

第134号までが加藤さんの責任編集・執筆でした。そして、第135号から茶田に代わりました。そのために、古い頭に鞭打って、ワープロを始めました。現在、294号まで原稿を書きましたが、土・日に缶詰になって仕上げないと、なかなか仕上がりません。

8枚とは、かなり厳しい、つらい仕事です。でも、知的生産者であり続けるためには、こういう作業をないがしろにはできません。サークル発足の時から参加していた以上、ここで何か恩返しをしなければという気持ちだけです。編

集は、退職までやり続けます。

　今、加藤さんは琉球大学に赴任しましたが、製本と発送は宮村さんがやっています。印刷や会計は向井さんが担当してくれています。

●サークルの元気——まとめ

　サークル"ゆい"が1986年に誕生してから、今年で27年になります。ここまで、毎月の例会をほとんど欠かさず開くことができました。そして、機関紙を発行し続けてきました。さらに、サークル財政は30万円以上の黒字で、ブックレット3種の発刊費を全額負担することができました。

　例会には出席できない機関誌購読会員も県内外、沖縄や愛知・鹿児島から北海道にまで広がりました。小中高から盲学校の教員までが参加しました。メンバーに恵まれたといえるでしょう。

　では、「元気」の理由を整理してまとめます。（主に自分との関わりから）
① 職場で高く評価された実践よりも、むしろ欠点の多い実践に光をあてる。
② 例会で報告するだけでなく、地区の教研や各種大会で報告するよう勧める。
③ 『歴史地理教育』などへレポートを送り、原稿執筆のチャンスを与える。
④ 例会へのレポートはあくまでも自主的に提出する形にして、あらかじめ計画を立てない。かえってその方が、来月までに何かをしなければという気持ちをもたせる結果となった。
⑤ 柱となる実力派の実践家の存在が大きい。はじめは、勢いだけで仲間が集まるかもしれない。しかし、「教育的力量を高めたい」「子どもが満足のいく授業ができるようになりたい」「教師としての背骨をしっかり形成したい」といった目標をかなえるなら、中核となる指導的立場の人が必要だ。

　誰もが納得できる対案を出せるだけの実力を有する実践家の存在、それが〈ゆい〉の強みといえる。
⑥ 積極的に、職場の同僚と実践を通して話をする。
＊ 教室で子どものよさを認める前提として、私たち教師も互いのよさを認めて育ちあう関係を築いていきたい。

（茶田敏明）

あとがき
── 道徳教育と社会科の関係を考える ──

◉今も生きる社会科創設の精神

「〈　　　　〉についての理解を図り、我が国の国土と歴史に対する理解と愛情を育て……」

これは、現行の小学校社会科学習指導要領の冒頭にあるフレーズだ。〈　〉に入る語句をあなたは言えるだろうか。

わが琉球大学教育学部（2013年度まで在籍）の学生に聞くと、多くが「社会」と答えた。気持ちは分かる。社会科だから「社会についての理解」と素直に考えたのだ。

だが、正解は「社会」ではない。「社会生活」である。学生たちは、意外だという顔をした。社会科は社会認識を育てる教科のはずである。ならば、なぜ「社会」の理解にとどまらず「社会生活」までをその目標のうちにふくむのかと……

その問いに、あなたであれば何と答えるだろうか。

私はすぐには答えず、さらに質問を重ねた。『実は、このフレーズの中には、戦後1947年に発足した社会科指導要領（試案）に使われた語句がたった一つだけ残っている。それは何か』

予想させた後に、私は黙って1947年版指導要領の次のフレーズを示した。

> 今度新しく設けられた社会科の任務とは、青少年に社会生活を理解させ、その進展に力を致す態度や能力を養成することである。

共通しているのは、やはり「社会生活」の「理解」であった。これは正確に言うと、「学習指導要領　社会科編　第一章 序論　第一節 社会科とは」の冒頭の文中にある。もっといえば、この考えを基点にして「今度新しく設けられた社会科」が展開されるのである。

その「任務」とは、日本の未来を担う青少年に社会生活の何たるかを理解させ、さらにはその進展のための能力はもちろん、態度までをも育てることにあ

った。それが戦後社会科の柱の一つなのだ。指導要領の文言がなぜ「社会の理解」ではなく「社会生活の理解」なのか。その根本の理由はここにあると私はとらえる。

　発足から70年近くたつが、創設時のその精神は現行の指導要領・社会科学習に変わらぬ文言で引き継がれるべきものと考えたい。

●社会科と道徳教育をつなぐ

　では、発足当時の社会科では、社会生活に関するどんな「理解」や「態度」の育成が想定されていたか。指導要領「第五節　社会科の教材」の中から、小学1年生が学ぶべき「問題」を抜き出して考えてみよう。

　　第1学年　Ⅰ　家や学校で、よい子と思われるには私たちはどうすればよいか。
　　　　　　Ⅲ　自分のものや人のものを使うにはどうすればよいか。
　　　　　　Ⅳ　私たちは食物や衣服住居をどのようにして手に入れるか。
　　　　　　Ⅵ　私たちはどうすればみなといっしょに楽しい時間が持てるか。

　ⅠⅢⅥは、身近な道徳教育にも通じている。ここでの「よい子」とは、自立した子であり日常のルールを守れる子でもある。また、みなと協調して楽しく生活できる子である。その具体的なあり方を、上からの注入ではなく問題解決の体験的学習を通して理解し体得していく。そのようにして生活態度を育成することが、発足時の社会科学習の重要な柱なのであった。

　つまり、当時の1年生社会科では、「Ⅳ　食物や衣服住居をどのようにして手に入れるか」などの現実社会の初歩的理解・知識を先行させない。彼らにとっての「ミニ社会」である学級・学校生活での望ましい態度の育成も、また同時に学ぶべき「問題」となっていた。

　言いかえれば、社会生活を真の意味で「理解」させるには、実際の社会生活のありようについて頭で学ぶだけではいけない、学校という「ミニ社会」での生活体験を通すことが、それと同じように大切だというのである。そうでなくては「理解」が体験に裏打ちされず、「態度」や「能力」につながらない。

　社会生活を営む上での望ましい態度や能力をそうした教科学習を通して実践的に体得させるという意味で、当時の社会科は深く道徳教育とつながっていた。

　現行の小学校道徳指導要領も、その冒頭に「学校の教育活動全体を通じて、道徳的な心情、判断力、実践意欲と態度などの道徳性を養う」と記されているが、当時その中核として大きな役割を担っていたのは社会科であった。

この点に照らして本書の実践をふりかえると、たとえば「家の人から『名人証』の言葉をもらう――家の仕事を調べて、お弟子さんになろう」（増田実践）は、ただむやみにお手伝いを命じる実践ではなかった。

　増田さんは、「〈自分にもできた〉という達成感が子どもの自信を生み、自立につながる」と考える。その押さえのもとに、子どもたち自身が仕事に挑戦し、その体験を互いに交流する中で、〈なぜそうするのか〉という仕事の意味を見いだして、それぞれに自律の力を育てていくのである。

　言いかえれば、①主体的である、②学びあいと交流がある、③学習に意味を感じる、④探究と発見がある、⑤評価と賞揚がある。そういう5つの特色をもつ学習を通して、「できるようになった自分」への満足感・自己肯定感が育ち、「実践意欲と態度などの道徳性」（小学校道徳指導要領）が養われていく。

　つまり、まずは家事労働を入り口として家庭生活、ひいては生活文化への目を開く。次に、それら個々の体験を相互に学びあう中で友だちの生活にも目を拡げ、共有と共同を培う。そういう「外」＝客観世界に向かう体験の中でこそ、それぞれの子どもの「内」に自立の力が育つのであった。

　現行の小学校指導要領解説道徳編には「道徳の内容」一覧表があり、低学年の項には「1－(2)　自分がやらなければならない勉強や仕事は、しっかりと行う」「4－(2)　働くことのよさを感じて、みんなのために働く」「4－(3)……進んで家の手伝いなどをして、家族の役に立つ喜びを感じる」などと多くの関連項目が記されている。だが、増田実践の場合、それらのねらいは1項目―1授業・1項目―全員同時習得という規格化されたかたちで学習されていない。

　この実践において「道徳性が育つ」とは、個々の体験とその共有を通してそれぞれの方向に自律性・思いやり・規範意識などが萌芽的ではあれ多面的に養われていくことである。そこで養われた総合的な道徳性が上からの「たてまえ」を乗りこえ、結果として各自いくつかの徳目に照応するのであった。

　ならば、高学年においては初期社会科と道徳教育はどう結びつくのか。やはり、1947年版指導要領（試案）から、6年生の「問題」を抜粋して考えよう。

　　　第6学年　　I　仕事を通じて、人々はどのように協力するか。
　　　　　　　　IV　私たちと私たちの子孫のために、天然資源を保存するには私たちはどうすればよいか。
　　　　　　　　VIII　世界中の人々が仲よくするには私たちはどうすればよいか。

ここでは育成すべき道徳性が、家庭や学校生活の身近な範囲に留まっていない。労働を通しての協力や資源保護、さらには国際理解や世界平和にまで広がっていく。

　つまり、1年生社会科では主に生活面に関する道徳性を養うが、6年生社会科では、日本や世界に目を開く学習の中で社会生活の「進展に力を致す態度や能力」（1947年版指導要領）が育成され、地球市民としての道徳性が養われていく。

　児童は、日本や世界の現状を学びあう中で未来の自分たちはどう行動すべきかを考え、その内面に社会の進展に資する道徳性を育てていくのである。その意味で、社会科学習と道徳教育は低学年にはない新たな次元でむすばれていた。

　本書でいえば、「ゴジラと魚肉ソーセージ」（茶田実践）はその一例である。

　ゴジラと魚肉ソーセージの関係からビキニの水爆実験に目を開いた子どもたちは、その被害の規模の大きさに驚き、久保山愛吉さんの死を悲しんで「1945年にいたとしたらどんな行動を起こすか」を真剣に考える。

　考えるがゆえに「アメリカにガツンと抗議」などの感情論も生まれるが、続く学びあいの中で、「『仕返しに戦争を』という意見があったけど何も解決にならない。決まりをつくり世界の人にぜったいきがいを加えないようにしたい。きまり1＝核兵器をつくらない・きまり2＝核実験をしない・きまり3＝被害にあった人を差別しない……」などの行動規範を発想する。

　また、「世界の偉い人をよんで会議……『日本は核実験をしていない。戦争もしない。みんな同じ人間だから争いはなくそう』とよびかける」など、平和を人権に結びつけた解決法を提示する。ここには、国民的で国際的な原水爆禁止運動との共通性や、「目には目を」という復讐の次元を超えたモラルの形成がうかがえる。

　つまり、「国際的視野に立って、世界の平和と人類の幸福に貢献する」（前出・「道徳の内容」一覧表・中学校　4－(10)）というグローバルな道徳性を、子ども自身の学びあいを通して先行的に育てあっていくのであった。

●社会科と道徳教育をどうつなげるか

　それに対して戦前の修身では、学習内容をひとつの「徳目」に特化し、そこへの到達をめざす授業を一部の「優秀児」との応答を通じて展開したので、学習はふくらみを欠くことになってしまった。

また、たとえ教師の用意した教材が心を揺さぶり、活発に児童が反応して考えを発展させたとしても、教師の設定した「徳目」からはみだした"思い"は取りあげられなかった。

　したがって授業は、児童間の対話・共有の機会を減じ、思考を不活発にさせ、道徳性が内から育つことをかえって妨げてしまった。こうした傾向を、かつて藤田昌士は次のように批判した。

　「ある行為から一つの価値だけを切り離し、取り上げて、その行為の世界における諸価値の関連と対立を無視するところに徳目主義の問題点がある。したがって、子どもは、諸価値が相互に関連し、あるいは相対立する現実の世界において価値の自主的な選択へと準備されることがない」（『道徳教育 その歴史・現状・課題』エイデル研究所 1985年 P235）

　教科の道徳化・道徳の教科化とは本来そういうことではない。

　社会科についていうならば、事実そのものを学びあう中で、他者との交流・対話を通して自己の既存の価値感が揺らいだり相互に葛藤が生じたり、共通理解の上に新たな次元の価値観が子どもの内面に芽生えることが望ましい。

　先述の茶田実践についていえば、核廃絶の国是をどう達成するかという思いは共通だが、そのさまざまな方法を個性的に考え、みなで吟味しあう。その中で、「世界平和と人類の幸福」に関わる国際人としてのモラル・道徳性がそれぞれに培われていくのであった。

　道徳1時間の授業は、それらの社会科授業等を通して到達した個々の思いや本音を交流・深化・統合する役割を担ってはどうか。するとそこでは、特定の価値観の上からの注入（多くの場合、注入しきれない。建前だけ口だけに終わる）や、切ってそろえた規格化など行われるはずはないのである。

　では、社会科と道徳教育はどうつながるのか。ここで私が序章で述べた道徳性の三層構造が手がかりになる。つまり、教育の根本目的である人格の完成をめざし、社会科を貫いて道徳的実践力を育てるためには自己肯定感を育てることが前提になるのである。この真理を本書に収められた諸実践は示している。

◢**執筆・実践者**（掲載順）

加藤好一
増田敦子（静岡県静岡市立西豊田小学校）
茶田敏明（静岡県熱海市立多賀小学校）
森　亮介（沖縄県石垣市立石垣小学校）
向井一雄（静岡県伊東市立南中学校）
横山基晴（広島県広島市立牛田中学校）
陣内康成（静岡県伊東市立池小学校）
壬生旭洋（静岡県熱海市立第二小学校）
儀間奏子（沖縄県南風原町立翔南小学校）
八田　史（元静岡県熱海市立初島中学校）
春日英樹（静岡県伊東市立南中学校）
照屋　保（沖縄県北中城村立北中城小学校）
浦島浩司（元静岡県伊東市立宇佐美中学校）
滝口正樹（東京都板橋区立桜川中学校）
武田晃二（元岩手大学）
良知永行（静岡県立磐田南高校）
金刺貴彦（静岡県下田市立稲生沢中学校）
小堀俊夫（東洋大学・元中学教員）
菊田兼一（愛知県立犬山南高校）

加藤 好一（かとう よしかず）

- 1949年　静岡県生まれ
- 1971年　中央大学法学部卒業
  　　　　私立明星学園高校講師
  　　　　千葉県・静岡県の公立小・中学校教諭を経て
- 2014年3月まで琉球大学教育学部教授
- 住　所　伊東市鎌田643-1（〒414-0054）
- 著　書　『教師生活12か月』『授業づくりの基礎・基本』（共著・あゆみ出版）
  　　　　『生きいき分会づくり』（あゆみ出版）
  　　　　『ワークシート・学びあう中学地理』『〃歴史』『〃公民』（あゆみ出版）
  　　　　『教師授業から生徒授業へ』（地歴社）
  　　　　『再発見・丹那トンネル』（伊豆新聞社）『驚き・発見 熱海の歴史』（私家版）
  　　　　『東伊豆発・新しい社会科 生活科』（編著・静岡県教育文化研究所）
  　　　　『世界地理授業プリント』『日本地理授業プリント』（地歴社）
  　　　　『わかってたのしい中学社会科 歴史の授業』（共著・大月書店）
  　　　　『最新中学歴史の授業』（民衆社）
  　　　　『公民授業プリント』（地歴社）
  　　　　『再発見 熱海市民の近代史』（私家版）
  　　　　『歴史授業プリント』上下（地歴社）
  　　　　『中学歴史5分間ミニテスト』『中学地理〃』『中学公民〃』（民衆社）
  　　　　『学校史でまなぶ日本近現代史』（共著・地歴社）
  　　　　『ほっと ふるさと～伊東・熱海の歴史と旧跡の再発見』（あいら伊豆農協）
  　　　　『学びあう社会科授業』上中下（地歴社）
  　　　　『図説 伊東の歴史』（共著・伊東市）
  　　　　『新・世界地理授業プリント』『新・公民授業プリント』（地歴社）
  　　　　『やってみました 地図活用授業――小学校から高校まで』（地歴社）
  　　　　『中学歴史の授業』『中学公民の授業』『中学地理の授業』（民衆社）
  　　　　『もう悩まない！学級経営攻略法』（共著・民衆社）
  　　　　『新・日本地理授業プリント』（地歴社）
  　　　　『社会科の授業 小学6年』（民衆社）

自己肯定感を育てる道徳の授業

2015年3月20日 初版第1刷発行

　　　　　　　　　　編　者　　加藤好一

発行所　地歴社　　東京都文京区湯島2-32-6（〒113-0034）
　　　　　　　　　Tel03(5688)6866／Fax03(5688)6867

製本所／坂田製本　　　　ISBN978-4-88527-225-7 C0037

●地歴社の本　　　　　　　　　　　　　　　　　　　　　　　　（本体価格）

普通教育とは何か	武田晃二／増田孝雄	1400円
教師授業から生徒授業へ　社会科授業技術をどう活かすか	加藤好一	1900円
人間を育てる社会科　中学生と「もうひとつの世界」を知る	滝口正樹	1400円
中学生の心と戦争　校庭に咲く平和のバラ	滝口正樹	1600円
子どもと教育基本法 ①②③④	増田孝雄／武田晃二	各700円
普通の学級でいいじゃないか	樋渡直哉	1500円
患者教師・子どもたち・絶滅隔離＜ハンセン病療養所＞	樋渡直哉	2500円
オウム真理教事件を哲学する　高校倫理教育の現場から	大塚賢司	1800円
生活綴方再入門　自己表現力と認識の形成	志摩陽伍	1650円
現代学校と人格発達　教育の危機か教育学の危機か	窪島務	2000円
現代倫理と民主主義	牧野広義	1900円
私たちの倫理読本	全国民主主義教育研究会	2000円
子どもたちの全面発達と体育	佐々木賢太郎	1600円
子どもの目でまなぶ近現代史	安井俊夫	2000円
学校史でまなぶ日本近現代史	歴史教育者協議会	2200円
歴史のなかの日本国憲法　世界史から学ぶ	浜林正夫／森英樹	2000円
日の丸・君が代・天皇・神話	歴史教育者協議会	2233円
歴史教育ことはじめ	黒羽清隆	1500円
鉄砲足軽ひとりごと妙　黒羽清隆講演・座談集		1600円
縄文人に学ぶ　歴史・環境・ライフスタイル	山尾一郎	1500円
空き缶「リサイクル」は地球にやさしいか	槐一男	1456円
環境問題再入門　解決をめざす人類の歩みに学ぶ	岩渕孝	2000円
子どもとまなぶ日本のコメづくり　がんばれ！安全こだわり農法	外山不可止	2000円
〔授業中継〕エピソードでまなぶ日本の歴史 ①②③	松井秀明	2200円
エピソードで語る日本文化史〔上下〕	松井秀明	各2000円
ドキュメント戦後世界史	浜林正夫／野口宏	2500円
新・映画でまなぶ世界史①②	家長知史	各2200円
世界史との対話〔上中下〕70時間の歴史批評	小川幸司	各2500円
新しい歴史教育のパラダイムを拓く	加藤公明／和田悠	3000円

付録DVD▶PDF版『考える日本史授業1』『考える日本史授業2』授業記録映像付き